きついお仕事

和田虫象

TETSUJINSYA

JN015325

まえがき

景気回復、就職は売り手市場――。そんなメディアの煽り文句とは裏腹、一般の人間が肌身で感じるのは相変わらずの就職難である。銀行、証券会社、テレビ局、ケータイ会社は言うに及ばず、中小企業でさえ狙ったところに入るのは至難。もはや、面接に50回落ちた、いや面接にもたどりつかないといった話も珍しくなくなった。

アルバイトを取り巻く環境も同じだ。より人気があり、より給料のいい働き口を得るには、厳しい競争を勝ち抜かねばならない。能力のある者が笑い、乏しき者は弾かれる。時代は弱肉強食の様相を呈しているのだ。お～ヤダヤダ。

しかし。人気が高く、就きたくても就けぬ職がある一方、巷には普通の人がおいそれと手の出せぬ、怪しくて、危なくて、きっつい仕事があることも忘れてはイケナイ。例えば、ネットの高収入求人サイト。ノルマなしの自由出勤で日給が3万円以上。マトモな内容でないことは明白だ。怪しい。実に怪しい。

求人サイトだけではない。一般求人誌に、スポーツ新聞や夕刊紙の求人欄に、ハローワークに、あるいは口コミで。よ〜く目を凝らせば、我々の周りには得体の知れない仕事がゴロゴロ転がっている。そんなウサン臭い求人広告に、私、和田虫象は常々興味を抱いていた。どういう仕事があるのか、給料の良し悪しはどうか、採用状況は厳しいのかユルイのか。自ら体を張り、その中見を知りたい——。

「きっついお仕事」は、03年1月より月刊『裏モノＪＡＰＡＮ』（小社刊）の連載として始まった。本書は、その中から19回を厳選し、1冊にまとめたものだ。怒鳴られ、殴られ、こき使われた2年間。本書には、私の汗と涙と鼻血が山盛りに詰まっている。

ネットの求人情報じゃ絶対にわからない仕事の中身や、決して日の目を見ることのない職場の裏側を皆さまにお届けできるよろこび。

どうぞ、じっくりお楽しみくだされい。

＊本書の登場人物はすべて仮名です。
＊登場人物の年齢、給与の金額、採用条件等は連載当時のものです。

目次

ゲイ雑誌のグラビアモデル

挿入以外なら何でもやらせていただく所存であります

求人情報源
スポーツ紙の三行広告

バイト期間
撮影の所用時間は1時間半

待遇
1回の撮影で3万円

〈体育系現役・ガテン・筋肉マン歓迎・ソロ写真中心・40歳まで即払2万上月20万上可〉

スポーツ紙の三行広告に載っていたモデル募集の広告である。

断っておくが、私は決してゲイではない。それどころか、モーレツな女性大好きっこさんである。

だが、きっついお仕事探検人を拝命した私にとっては避けて通れぬ道。ここは腹をくくるよりない。挿入やフェラは勘弁だが、素っ裸になって写真を撮られるくらいはどーっちゅうことないだろう。

それよりむしろ問題は、応募条件にある『ガテン・筋肉マン歓迎』というフレーズだ。高校時代は空手部に所属、卒業後もしばらく肉体労働に携わっていた私の体は筋骨隆々だった。が、その後の怠惰な生活がたたり、今では面影もナッシング。晩年のジャイアント馬場のようにショボショボだ。こんなんで採用されるのか？

さっそく募集元の出版社・○プロに電話をかけてみたところ、

『ウチでは使えないね。ウチはマッチョな人しか要らないから』

身長、体重、年齢、スポーツ歴などの質問に答えると、あっさり断られた。

『筋肉がないならせめてぜい肉が欲しいんだよなぁ。マシュマロのようなさ』

『い、いや、確かに筋肉は多くないですけど、前はけっこう凄かったんですよ』

『ムリだね。他を当たって』

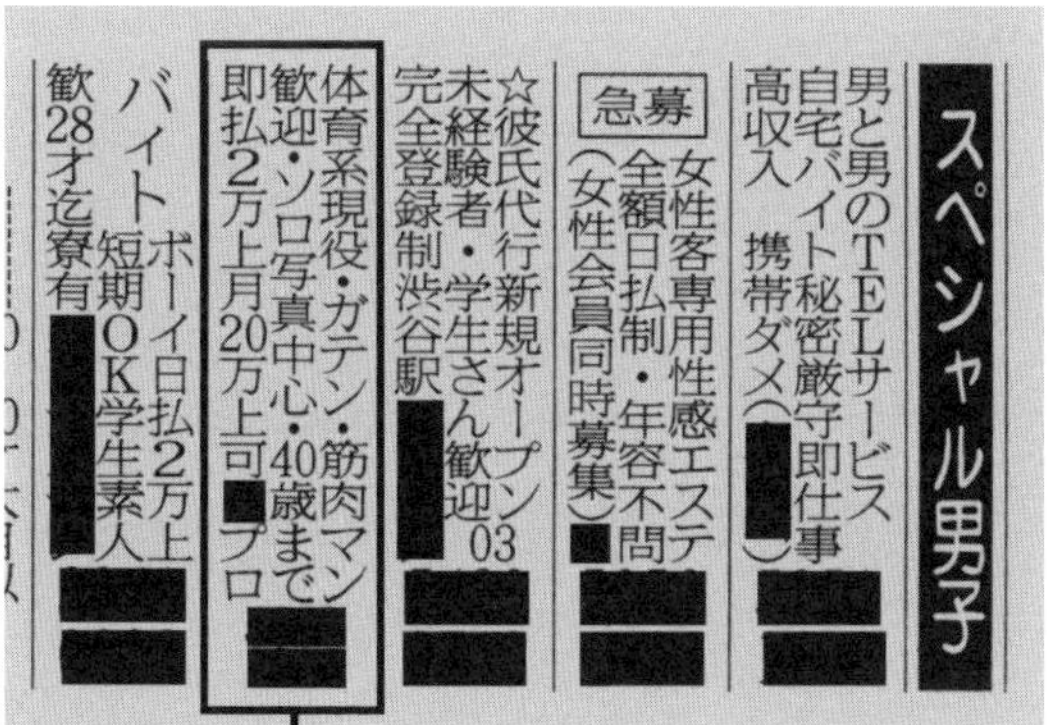
スペシャル男子
男と男のTELサービス
自宅バイト秘密厳守即仕事
高収入　携帯ダメ（[redacted]）[redacted]
急募　女性客専用性感エステ
全額日払制・年容不問
（女性会員同時募集）[redacted]
☆彼氏代行新規オープン
未経験者・学生さん歓迎03
完全登録制渋谷駅[redacted]
体育系現役・ガテン・筋肉マン
歓迎・ソロ写真中心・40歳まで
即払2万上月20万上可[redacted]プロ
[redacted]
バイト　ボーイ日払2万上
短期OK学生素人
歓28才迄寮有[redacted]

ゲイ系の求人広告は、『内外タイムス』（内外タイムス社、2009年8月終刊）の「スペシャル男子」のコーナーに載っていた取りつくシマ無し。その後も似たような求人募集2件に連絡を入れてみたものの、結果は変わらない。やはりマッチョか太ッチョでないとモデルは務まらないという。うーん、悔しい。意地でもゲイモデルになりたくなってきたぞ、おい！

1時間後、先ほどの◯プロに再び連絡を入れた。今度は別人を装い、体型はガッチリタイプとサバ読みしてみる。と、これが大成功。ゼヒ面接したいので、すぐ来てくれという。

大急ぎでシャワーを浴び、体を丹念に洗う。人間、第一印象が肝心。身だしなみには気をつけないとな。

君が亀甲縛りされる絵は意外と需要ありそうだ

2時間後、私は新宿の、広告の募集元である◯プロが入ったビルの前に立っていた。一呼吸置いてエレベーターで2階へ。ドアが開くと、いきなり小ぎれいなオフィスが現れた。

「あ、面接の方ですね。どうぞ、入っちゃってちょうだい」

入り口でボケーッと突っ立っている私に、人のよさそうなオッサンが声をかけきた。電話で応対してくれた人物のようだ。パッと見、普通の40男だが、この人もゲイなんだろうか。

鈴木と名乗るそのおっさんがおもむろに仕事の内容について説明を始める。

曰く、単独のヌード撮影が1回3万、挿入ありの絡み撮影でもなぜか同額の3万らしい。10年ほど前は10万以上貰えたらしいが、昨今の不況はゲイ業界にも大きな影を落としているという。

ひととおり説明が終わり、鈴木氏とともに奥の部屋へ。モデルに耐えうる体かどうか、チェックされるらしい。まずは上半身を見るというので、上着を脱ぎ捨て、胸筋と腹筋に思いっきり力を込める。電話でガタイがいいと宣《のたま》った以上、少しでもそれらしく装わなくてはいけない。

「うわ、胸が少ないね。ちょっと写真撮るからこっち向いて」

「あは、いやー最近あんまりメシ食ってなかったんすよ」

苦しい言い訳をしつつ、懸命にポーズをとるが、鈴木氏の表情は暗い。ヤバイぞコレは。

少しでもセクシーに見えるよう、ケツにキュッと力を入れたり、腰をくねらせたりと頑張っても、氏はただ無言でシャッターを切るだけ。おまえの体など、これっぽっちも魅力ねーよってな顔だ。

撮影後、改めてどんなプレイが可能か尋ねられた。先ほどの流れから言って、いまアピールを怠れば、間違いなく仕事は来ない。もう一度ハッタリかましとくか。

「挿入以外ならとりあえず何でもOKです」

「本当？　SMモノでも？」

「は、はい」

「ただ、やっぱり筋肉のない人は厳しいんだよ。女だと巨乳がウケるように、ゲイにはマッチョが一番人気なんだから」

「はぁ…」

「でも、SMができるっていうのは、武器になるかもね。君みたいなヒゲヅラで男らしい子が亀甲縛

○プロは新宿区某所の雑居ビルの2階にある

編集部内部はゲイ雑誌やゲイっぽい人でいっぱい

りされる絵は、意外と需要ありそうだし」

「ありがとうございます」

面接の合否は○プロの方から連絡が入った時点でわかるらしい。むろん、電話が無い場合は不採用ということになる。

マイク真木似の縄師はかつてのゲイ界のスター

○プロから連絡が来たのは、1週間後のことだった。
『○プロの鈴木ですけど、今度の水曜って予定空いていますか？　ご都合よろしければ撮影したいのですが』

やった、合格だ！　聞けば、ゲイ向けSM雑誌のグラビアモデルとかで、土木作業員がロープでグリグリに縛り付けられる設定らしい。いいじゃん、スゲーじゃん。やったるでぇ！

撮影当日、午後1時。待ち合わせのJR山手線日暮里駅に出向くと、5分ほど遅れて鈴木氏が、さらにその5分後に西田と名乗る男が現れた。推定年齢28才。ゴツイ体格にニッカボッカを履き、アゴには無精ひげ。まさに、ゲイの王道のような人物だ。

一瞬、この西田と絡むことになるんじゃと戦慄したが、どうやらカメラマン役である鈴木氏のアシスタントらしい。ほっ。

撮影場所は、駅から徒歩で10分ほど離れたマンションの一室だった。普段はSMサロンが営まれており、そのケのあるゲイ連中がハッテン場として使っているそうだ。なるほど、室内を見渡すと、いたるところに関連雑誌やビデオがひしめいている。うーん凄すぎ。

「和田くん、こちら、サロンのマスターの志之介さん。今日は君、この方に縛ってもらうんだからちゃんと挨拶してね」

鈴木氏の声に振り向けば、細身のダンディが微笑んでいる。歳の頃は60前後。例えるならマイク真木を彷彿《ほうふつ》とさせるカッコよさと言おうか。かつてはゲイビデオ界のスターだったらしいが、それも十分うなずける風格の持ち主だ。

「あ、和田と言います。今日はよろしくお願いします」

「うん、こちらこそよろしく」

かー渋い声だねぇ。

「志之介さんに縛っていただけるっていうのは、ホントすごいことなんだから。一般の人でも志之介さんに縛ってもらいたいっていう人はたくさんいるんだよ」

ヨイショしすぎだって。〝一般の人〟が志之介を知ってるワケないでしょーに。

気持ちよかったら声出してもいいんだよ

簡単な打ち合わせの後、奥の和室に通された。衣装の準備だ。まず素っ裸の状態で六尺ふんどしを身につけ、その上から土木作業員の衣装を着るという段取りらしい。

ふんどしの着付けは、アシスタントの西田の担当。木綿の布をシュルシュルとケツや腰に巻き付けていくその手つきは実に手慣れたものだ。そして仕上げに股間をキュッと締め上げる。

「あ…」

つい声が漏れてしまった。が、西田は表情一つ変えず、カバンから作業着をゴソゴソと取り出す。

「あとは自分で着れるよね。安全帯もカバンの中に入ってるから、ちゃんと付けてね」

「はい」

言われるまま、衣装の作業着を着込み、安全帯を装着。ふふ、我ながらよく似合ってるじゃないの。

「それじゃあ、そろそろ撮影を始めましょうか」

気分が乗ってきたところで、鈴木氏がカメラを抱えて顔を出した。よっしゃ、いっちょ行きますか！

撮影は、サロンで最も広い洋間で行われた。ＳＭ専用の部屋らしく、100本ほどのカラフルな縄、バイブ、ムチ、足かせなどの小道具から、チェーンで人間を吊るすウインチのような機械まで、とにかくありとあらゆる専門器具が壁に備え付けられている。

最初は私1人が部屋の中央で仁王立ちになるシーンからスタート。志之介は背後で出番を待っている。

「気持ちよかったら声出してもいいいんだよ。イキそうだったらイってもいいから」

カメラを構え、ＡＶ監督のような台詞を吐く鈴木氏。なぜかトランク

右／大正時代のモダンな家具でいっぱいのＳＭサロン。オドロオドロシイ雰囲気、伝わりますでしょうか
左／30分後、半裸で吊されることになるハリツケ台

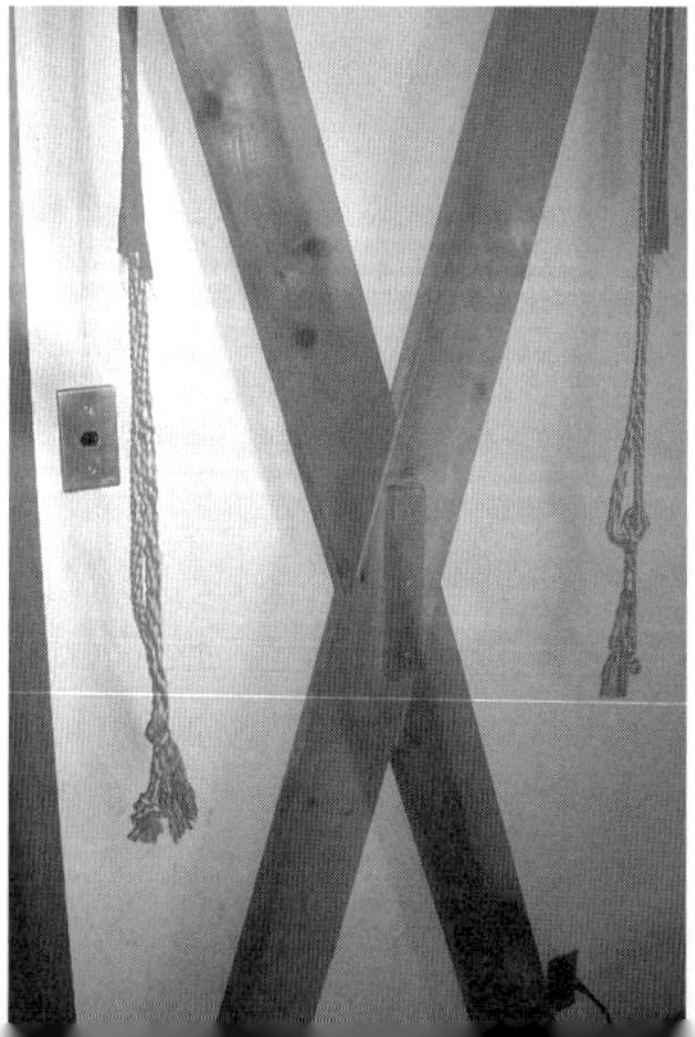

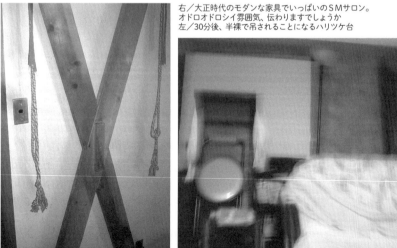

ス一丁という出で立ちだ。その滑稽な様子にプッと吹き出した瞬間、サワサワサワ。志之介が突然私の胸を華奢《きゃしゃ》な指でまさぐってきた。あら？　何だかとっても気持ちいいんですけど。

キュートだよ。すんごく愛らしい顔だ

気がつけば、ハリツケ台（12ページ参照）の柱に吊るされ志之介の愛撫を受けていた。作業着も剥ぎ取られ、肩、首、腰、太股、股間を執拗に指でいたぶられる。あるときはフェザータッチで、あるときは平手打ちで、そしてまたあるときは力強い揉み込みで。その憎らしいほどのテクニックに、切ない吐息が溢れ出す。

「ああっ…んん」

すでにふんどしの中身はカチンコチン。ぐぐ、恥ずかしい。完全に志之介のペースだ。押し寄せる快感と懸命に戦っていると、いきなり柱から下ろされた。なんだ？　と思うまもなく、亀甲縛りを始める志之介。動きにまったくムダが無く、みるみる体から自由が奪われていく。

乳首をグリグリいじられ、つい丸くなった背中を、志之介がギュッと伸ばす。そのとき、縄が体にメリメリと食い込むのだが、痛いような、それでいてどこか心地よい感覚。自分ではかなりのSだと思っていたがどっこい、これじゃ真性Mそのものじゃねーか。

あまり快楽に身を委ねてばかりもいられない。志之介が私のボディをいじくっている最中に、たびたび鈴木氏が表情に注文をつけてくる。

「あーダメダメ。そこはもっとウットリと。そうそういいねぇ。よし、じゃあ天使の羽に包まれているような感じで、もっとウットリしてみようか」

「あ、はい」

猿ぐつわを口にねじ込まれ、イスの上でマングリ返しをされると、

「んー苦悶の表情ちょうだい！　苦悶。わかるかなぁー、すごーく苦しい顔だよぉー」

「く、くぉうじぇすか（こうですか）？」

「そうそう、キュートだよ。んふー、すんごく愛らしい顔だぁー」

2人のオッサンに写真を撮られ、責められる私。いったいここで何をやっているのだろうか。

いったいここで何をやっているのだろうか…私

もっとめちゃくちゃにしてほしかったのに……

撮影開始から30分がたつころには、すっかりトランス状態に入っていた。

志之介にふんどしからペニスを引っぱりだされようが、ローションを垂らされ高速でしごかれようがもうお構いなし。頭の中は真っ白である。

いや、正直に告白すると、もっと怪しげな衝動に取りつかれていた。

志之介にしゃぶってもらいたい、キスしたい、ハメてほしい。もはや完全に自分を見失っていた。

だが、志之介はとことんSな男だった。私のいじましい願いをあざ笑うかのように、突如、我が陰嚢《いんのう》を細い縄でぐるぐると締め上げ、そこに巨大なバーベルをぶら下げたのだ。

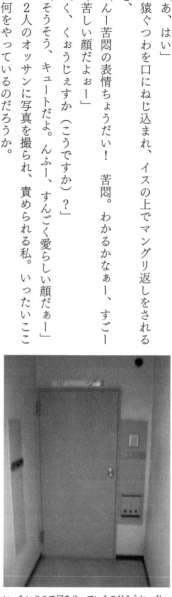

「イッテェェー！」

どう表現したらわかってもらえるだろうか。失神寸前の状態がずーっと続くような感じと言おうか。しかも亀甲縛りで自由がないため、身をよじることすらままならない。

バーベルが取り外されても、まだS攻撃は終わらない。洗濯バサミで乳首を挟み、それをヒモで何度も何度も引きちぎるように取り外す。ぎえ〜っ！

「おい、腹這いになれ」

ボロボロになっていた私に、志之介が強い口調で言い放つ。言うとおりにうつ伏せになると、いきなり足で顔を踏みつけられた。と同時にまたまた鈴木氏が頬を紅潮させ、こちらにレンズを向ける。

「和田クン！　そこで憎しみの表情ちょうだい」

どうやら、このシーンがクライマックスのようだ。鈴木氏は、涙とヨダレでグシャグシャになった顔をアップで撮ったり、引いたショットを撮ったりで大忙し。息つくヒマもない。

その後撮影は、亀甲縛りを解くシーンをラストに全行程を終了。鬼のように怖かった志之介が、人が変わったような笑顔で私の頬を叩く。

「はい、ご苦労様」

その優しい声を聞いたとき、なんだか物足りない気持ちになった。志之介、アンタにはもっとめちゃくちゃにしてほしかったよ——。

ギャラはSMサロンからの帰り道、日暮里駅前の喫茶店で手渡された。キッチリ3万。今日の仕事に見合う額かどうかはさておき、札を握りしめると、いいようのない充実感が湧いてくる。ふふ、なかなかいいモンだ。

「今日は楽しかったです」

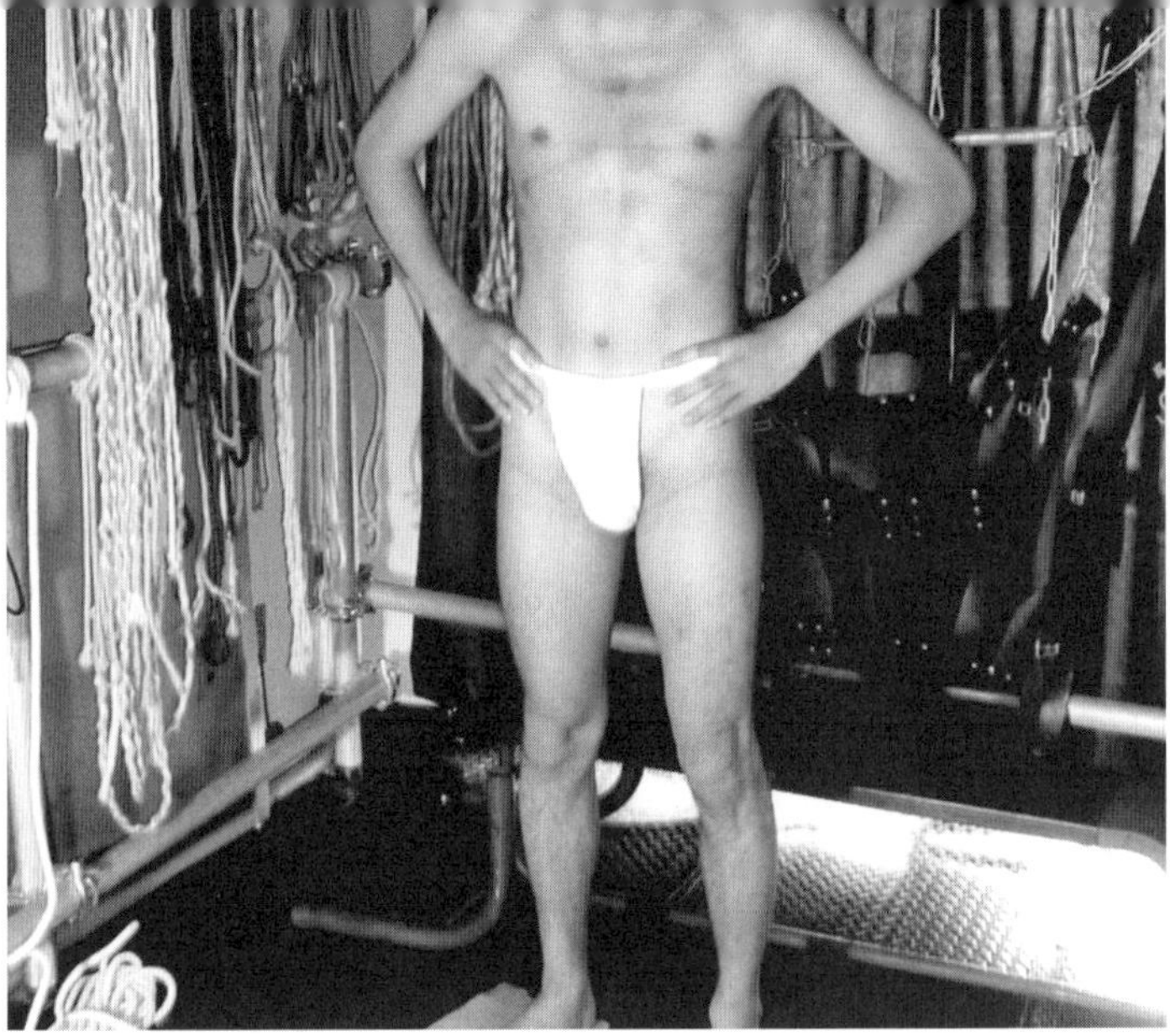

で、こうなりました。写真ではわかりにくいかもしれないが、胸、股間辺りに亀甲縛りの跡が…

別れ際、駅のホームで鈴木氏に挨拶すると、彼はニヤリと笑った。

「君は多分こっちのケがあると思うから、ぜひ一度体験してみたらいいよ」

顔は笑っているが目は真剣だ。

「いやーそれはちょっと…」

まもなく、電車がやってきた。とても名残惜しそうな鈴木氏に背を向け、私は帰宅ラッシュで混みだした山手線に乗り込んだ。


撮影から2カ月後、私が出演したSM雑誌は発行されたはずだ。定価1900円。おそらく、5千部にも満たない少部数で、一部の書店にしか置かれなかったに違いない。実はその雑誌を、私は未だ観ていない。今か今かと発売日を待っていたのに、うっかり忘れていたのだ。お前はそんなにマングリ返しされている自分が見たいのかと問い質されれば言葉もないが、やはり青春の1ページとして手元に置いておきたいという気持ちもある。てなワケで、もし本をお持ちのマニアックな読者様がいましたら、ぜひ鉄人社までご一報ください。

きついお仕事2

ラブホテルの清掃員

精子の処理に慣れたら一人前

求人情報源
張り紙

バイト期間
2週間
（2日に1度の7勤務）

待遇
月給制　19万円

突然だが、普段、皆さんは月に何度ラブホテルを利用しておられるか。毎月二、三度か、それともここ半年ご無沙汰だろうか。

かくいう私、生まれて初めてラブホへ入ったのは今から4年前だ。家出ギャルを奇跡的に路上ゲット、渋谷のボロいホテルへ連れ込んだはいいが、その日すべての女運を使い果たしてしまったか、以後さっぱり機会に恵まれていない。

それでも、今も強烈に覚えてるのは、ラブホで見た光景である。

発情カップルで賑わうエントランス、喘ぎ声がうっすら漏れ聞こえる廊下、いわくありげな不倫カップルと鉢合わせた帰りのエレベーター…。そこには、むせかえるほどセックスの匂いが充満していた。

で、思ったのだ。仮にこんなフシダラでスケベな場所で働いたら、どんな刺激的なことが待っているのだろう、と。カップルたちのプライバシーを垣間見れたり、もしや3Pに誘われたり、なんてことが起きやしないだろうか、と。

もちろん、それは妄想に過ぎず、単なるきっつい仕事である可能性も大。実態やいかに？

基本的に未経験者はお断りしてる

さて、ラブホの男性アルバイトとは、大半が部屋の清掃員を指す。相当な重労働に違いないが、そのぶん入れ替わりも激しいはず。働き口は簡単に見つかりそうだ。

と思いきや、これが大誤算。新聞の折り込みや求人誌にチラホラ募集はあるものの、みな『経験者優遇』の条件付きだ。片っ端から電話をかけてみても「未経験者の人はいらない」と門前払いである。

ならば、自分で見つけるしか仕方あるまい。都内随一のラブホ街、渋谷・円山町。ここに足を運び、直接売り込むのだ。

うだるような暑さのなか、目に付くホテルへ片っ端から飛び込み、断られ続けること20軒、エントランス付近に【募集　男女】と張り紙をするラブホ『L』が見つかった。よし、行け。

「すいませーん。表の張り紙を見たんですけど」

「はいはい、アルバイト希望者ね。ちょっと待って。いまママを呼んでくるから」

「あ、はい」

汗をふく間もなく、奥の事務所から、推定年齢60才くらいのおばちゃんが現れた。年季の入ったゴリラパーマを指でいじっている。迫力あるのう。

「ウチで働きたいんだって？　いままでこういう仕事の経験はあるの？　悪いけど未経験者の人は断ってるのよね」

う、またか…。えーい、ハッタリかましたれ。

「い、いや大丈夫っすよ。ラブホテルは初めてですけど、旅館のバイトなら昔やってたことがありますんで…」

「あら、本当？」

「え、ええ」

「なら安心ね。それじゃ悪いけど明日の午後、履歴書持参でもう1回来て」

「は、はい！」

ラグジュアリー感かもしまくりのL内部。佐々木によれば、円山町でも5本の指に入るほど繁盛しているのだとか

翌日、履歴書を出すと、ロクに質問も受けぬまま、あっさり合格となった。何でも、4日前にずっと働いてた人が辞め、すぐにでも次の働き手が欲しかったらしい。

また、これは後でわかったのだが、ママはLのオーナー婦人で、他にも夫婦で別のラブホとビジネスホテルを1軒ずつ経営しているとか。とてもそんな資本家に見えないところが、逆にリアルだ。

「ところでアナタ、いつから来られるの？」

「いつでも大丈夫っす」

「じゃ、明日からお願いね。重労働だけど頑張るのよ」

「わかりました」

出勤は月の偶数日で、正午から翌日午前10時までの約22時間労働（日によって多少のズレ有り）。給料は、月給制で19万円らしい。重労働のわりにちと安くないか？

ベッドメイキング、意外に難しいっす

「あ、新人の和田くん？　俺、今日からキミの面倒を見るように言われてるんだ。よろしく」

初日、従業員の待機室で、私は佐々木（33才）なる先輩従業員と向かい合っていた。同じ偶数日出勤で、ママから私の指導係を命じられたらしい。

「さっそくだけど、ざっと説明しておくね」

佐々木は早口で言った。

仕事はホンソウとキュウソウの2種類。ホンソウとは、1日1回、泊まり客が使った部屋を念入りに清掃する

こと。掃除機をかけ、雑巾で部屋の隅々までキッチリ磨き上げる。一方のキュウソウは、休憩客が帰った後に行う簡単な掃除だ。掃除機でさっとゴミを吸いとるだけで、雑巾がけなどの面倒はない。

全館の空き室状況は、従業員待機室のテレビモニターに表示されており、客が出ていけばブザーが鳴る仕組みになっている。フロントのおばちゃんがコンピュータで操作しているらしい。

今日の掃除メンバーは全部で4人。佐々木、私、そして最古参の源さん（58才）の3人が基本ユニットを組み、これに毎回、パートのおばちゃんが1、2名加わる（この日は1人だけ）。

役割分担は、男がベッドメイキングや掃除機がけ、おばちゃんたちは洗面台とトイレ掃除。風呂掃除だけは、専門の係に任せているとのことだ（例外の日もアリ）。

「じゃあ、さっそくキュウソウ行こうか。今空いたみたいだから」

「あ、はい」

部屋に着くや、佐々木に教えられながら、まずはベッドメイキング開始。

「和田くん、しっかりシーツの端を引っ張ってね」

枕カバー、シーツ、フトンカバーの順に交換していく単純作業ながら、これが結構難しい。気を抜くとすぐにシワシワになってしまうのだ。

「慣れれば簡単だよ。俺も最初上手くはできなかったから」

ベッドが仕上がると、佐々木は掃除機係の源さんとともにゴミ集めに取りかかり、私は冷蔵庫のドリンク類の補充を担当。その合間に、水回りの清掃を終わらせたおばちゃんが、トイレットペーパーを三角に折り、コンドームをティッシュの横に添える。見事なチームワークだ。5分後、部屋はすっかり元のきれいな状態に戻った。

「よし、今度はサンパチ（308号室）に行くぞ」

「は、はい」

正午から夜7時までの時間帯は、休憩客の出入りが激しい。休む間もなく、ひっきりなしにキュウソウが続く。

「よし今度は、イチニー」

「はい」

「おい、モタモタすんな。ヨンロクとニーゴーも客が帰ったぞ」

「す、すいません!」

って、ちょっと忙し過ぎやせんですかい。

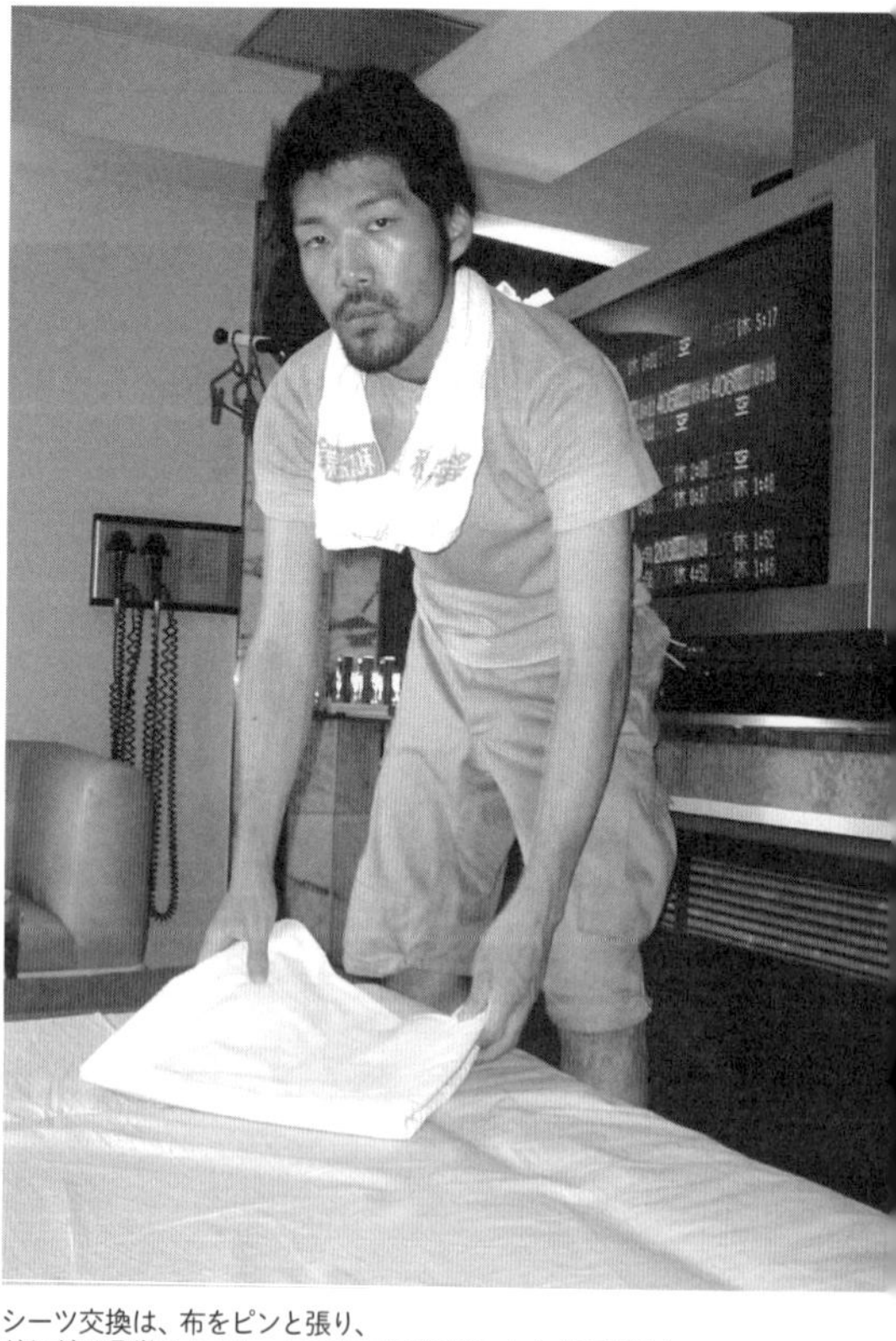

シーツ交換は、布をピンと張り、
どれだけ見栄えよくセットできるかが重要。かなり面倒くさい

各部屋を2、3分で回るクソ忙しさ

やっと休憩らしい休憩が取れたのは、午後8時を少し過ぎたころだった。佐々木たちとともに、ヘトヘトになって待機室へと戻る。

と、室内から何やらいい匂いが。わお! テーブルの上に人数分の夕飯が用意されているではないか。白米、みそ汁、肉と野菜の炒め物、それに漬け物まで。ウマそ〜。

「いいだろ、ウチは賄いが出るんだぞ。しっかり食って休んでおけ。しばらくしたら、もうひと波来っからよ」

ガツガツ食いまくる私の肩を、源さんがポンと叩く。午後10時から午前0時までの2時間は、1日でもっとも忙しい時間帯で、館内の休憩客が一斉に帰り、入れ替わりに、泊まり客がドッと押し寄せてくるのだそうだ。

事実、その忙しさは半端ではなかった。一つの部屋を掃除中に、次から次と別の部屋が空いていくのだ。スピード命。清掃作業を簡略化し、各部屋を2、3分のペースでかけ回る。

深夜を過ぎ、就寝時間が訪れても休んではいられない。車で来た客が、深夜だろうが早朝だろうが、お構いなしに帰り、その都度仕事をさせられるのだ。ゆっくり寝てけよ、てめーら。

「まあ、そんなムクれんなよ。悪いことばっかじゃないんだしさ」

不服そうな私の顔を見て、佐々木が言う。意味ありげな物言いだが、何かいいことでもあるのか？

「泊まりで入った客が途中で（チェックアウトまでに）出てって、そこの部屋に別の客が入ったら、ボーナスとして200円もらえるんだよ」

「たった200円っすか？」

「1部屋に付きな。だからひと晩で千円以上いくことだってよくあるし、けっこうオイシイんだぜ」

結局、起床の7時までに5度叩き起こされ、佐々木の言ったとおり1千円稼がせてもらった。だから何よ。めちゃくちゃ寝不足で、不快なんですけど。

朝食後、山のように積まれたタオルを畳み終え、それからホンソウに取りかかる。前述のとおり、キュウソウより手間がかかるものの、新規の客が少ない時間帯だけに、精神的にはかなりラクチンだ。

午前10時半、ようやくすべての仕事が終了。ヘトヘトで帰り支度を終えたころ、ママが近づいてきた。

「あら、和田くんご苦労様。どうだったウチの仕事は？」

「ええ、まあ、何とかついて行けました。あはは…」

ムリヤリ笑顔を浮かべても、内心はバックレたい気持ちでいっぱい。はぁ〜、こんな過酷な職場でやってけるのかしら。

こっそりパクったピンクローターが……

中1日明けての2日目。前回同様、佐々木、源さんらのメンバーでキュウソウに精を出す。今日もまた用具一式を抱え、館内を上へ下へと大忙しだ。

しかし、何となく仕事の流れをつかむと、自分なりの楽しみを見つける余裕も出てくる。チェックアウト直後の部屋には、手つかずの缶ビールや缶チューハイなどが転がっている場合が多い。万年金ケツ病の飲んべえには、実に有り難いおみやげである。とはいえ、遺留品の持ち帰りは厳禁ゆえ、佐々木や源さんにバレないよう、一度ゴミ袋に入れたモノを後でこっそり抜き出していた。

「うわ、もったいねぇーな。未開封じゃんよ」

夕食後、再びキュウソウに明け暮れていると、佐々木が素《す》っ頓狂《とんきょう》な声を上げた。手に、ピンクローターの箱が握られている。

どうやら、室内に備え付けの自販機から買ったモノを、客が一度も使わずに置いていったらしい。

「和田くん、これ捨てといてよ」

「捨てちゃうんですか。佐々木さん、もらっておけばいいのに」

「ダメダメ。ママに見つかったらスゲーうるさいんだよ。それよりホラ、早くここ片づけないと次の客が来ちゃうよ！」

　そんなモノ、まったく興味ないよと言わんばかりの佐々木。クク、んじゃ前から興味ありありの俺がいただいときましょう。

　ブィーーーン。

　静かな部屋に異音が鳴り響いたのは、それから3分後のことだった。ベッドメイキングをしていた源さん、掃除機をかけていた佐々木の手がピタリと止まる。

「あの、和田くん。ポケットのモノ出して」

「…えーっと、はい」

　死にたくなるほど、恥ずかしかった。

シーツの上にホカホカのウンコ

　出勤3日目ともなると、すっかり体が順応してきた。ハードワークにもさほど疲れを感じず、手際も格段にアップ。苦手だったシーツ交換など、今やパートナーを煩わすことはない。

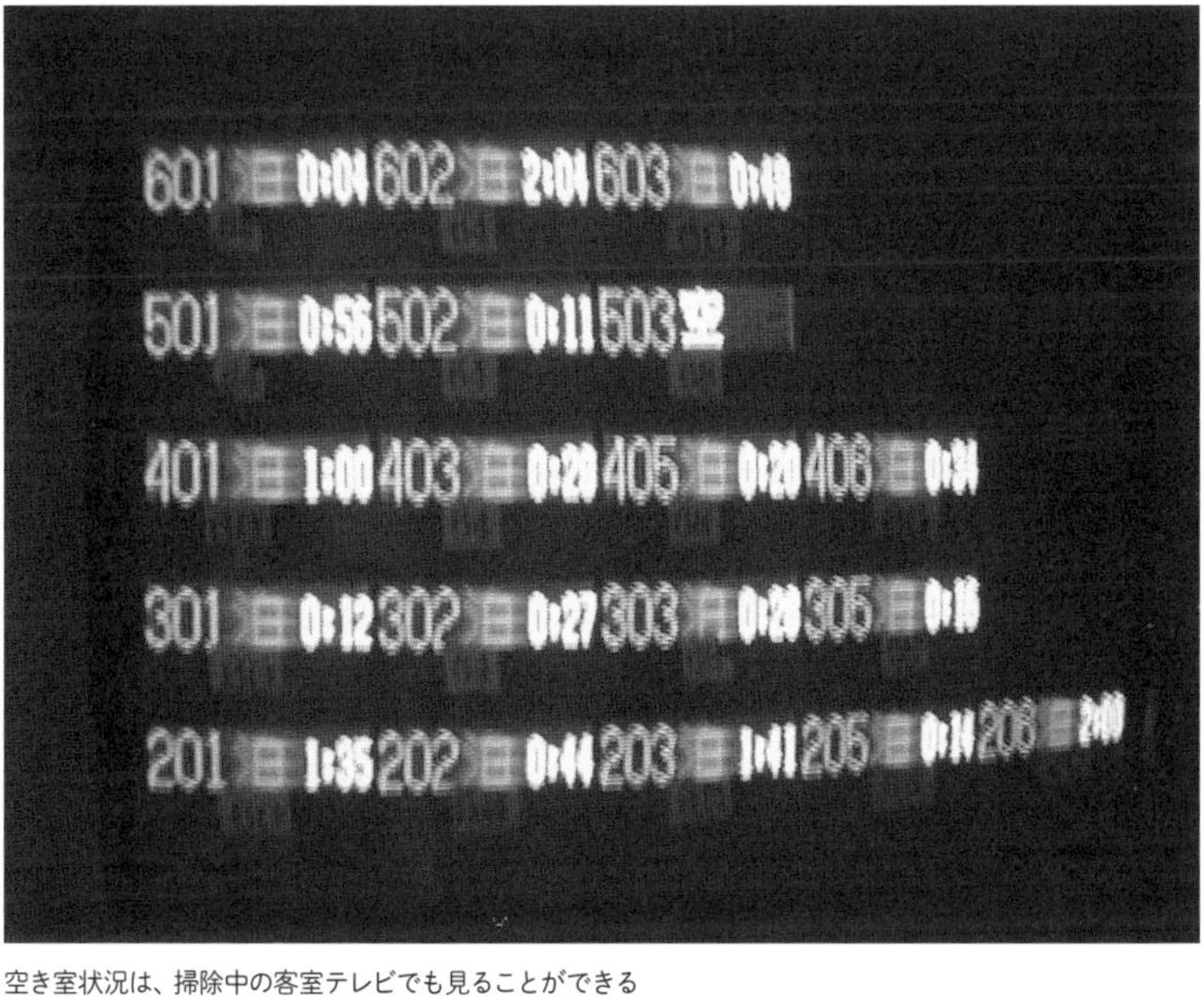

空き室状況は、掃除中の客室テレビでも見ることができる

ゴミ箱の中は地獄絵図。たまーにシャブ用の注射器なんかも見つかるのであります

「おう和田、だいぶ上手くなったじゃねーか、え？」

ほとんど口をきいたことのなかった源さんからも、ちょくちょくお声がかかるようになった。職人気質で、どこか取っ付きにくかった彼も、ようやく私を仲間と認めてくれたようだ。

文句無しに順調。と言いたいところだが、しかし、いまだどーしても我慢できないこともあった。

ズバリ、精子である。シーツの上で発射するならいざ知らず、床、ソファ、壁と、わけのわからんところで昇天しちゃってるのだ。それを雑巾で拭わなきゃならぬ気色悪さといったら！

しかも汁が垂れたコンドームを拾うときなど、指にベッチョリくっついてしまい、うかつに臭いを嗅げば失神ものである（思わず足の親指のツメの臭いを嗅ぐ感覚と同じ。わかる方にはわかっていただけるハズだ）。

「バーカ。そんなの気にしてちゃ、仕事にならんだろーが。慣れろ慣れろ」

指先を精子まみれにしつつ、源さんはサラリと言うが、とても私には無理っす。ねっとりした白濁液がつくたび、皮がむしれるまで手を洗わないと気が済まない。

部屋に落ちているのは、精子だけではない。なんと、ベッドの上にホカホカのウンコ様が鎮座ましましていたこともあった。しかし、そのときも源さんは強者だった。トイレットペーパーを手にグルグル巻きにし、

「料金払ってんだし、何やっても文句言わねーよ。けどよ、なんでわざわざベッドの上にクソしなきゃイケねーのかなぁ」

まるでカリントウでも拾うがごとく、無造作につまみ上げるのだ。お見事。てか、あんた何者？

「和田、オマエもコイツを克服できれば、真のホテルマンだな」

源さんホテルマンの使い方間違ってる。てか、ウンコになんざ慣れたくねーし。

クスリでイカれた女を従業員全員で回した

4日目、5日目、6日目と無難に過ぎていく。相変わらずの単調仕事だが、一方で、私は当初の目的を果たすべく、行動を起こしていた。当初の目的。そう、カップルの痴態を覗いちゃおうという、あのイケナイ計画のことである。

唯一のチャンスが訪れるのは、単独行動が可能な廊下掃除。客室ドアにピタっと耳を押し当てれば、室内の声がうっすら聞こえてくるのだ。

「あーん、気持ちぃいい、気持ちぃいいよぉ」なんて激しぃのもあれば、「うーイクゥ、うぅー」などという呻き声まで。ドア1枚隔てて聞く他人のセックスは、ムチャクチャ興奮モノだ。

ラブホの客層は日によって大きく異なり、平日などは、中年の男女が多い。自然、濃い〜変態プレイに興じる輩も少なくないようで、耳を澄ませば、ときどきムチのようなもので体を打つ音や女の悲鳴が聞こえることがある。

対して、土日は若いカップルがほとんど。特に夕方近くになると、円山町のホテル街が、祭のような賑やかさになり、ウチのホテルへも大挙して押し寄せてくる。フロントなどゴチャゴチャ混み合い、さながらディズニーランドのアトラクション待ちのような光景だ。

セックスも当然開けっぴろげで、「ぎゃはは、気持ちいい。クリトリスも舐めてー」だの「アタシさぁ、バックク嫌いなのぉ。騎乗位にしようよ」だの、これはこれでスケベだ。ま、いずれにしろ、盗み聞きを始めた当初は、辛抱たまらず、トイレへ駆け込んだものだ。

しかし、楽しかったのもせいぜい2日ほど。ヤッてる現場を覗いたり、客の女と仲良くなれるならいざ知らず、声だけではどうしても飽きてしまう。

佐々木の話では、かつて、クスリでブッ飛び、従業員室になだれ込んできた女をみんなで回したこともあったらしいが、そんなのは例外中の例外。基本的に、ラブホの従業員が客と接することなどあり得ないという。私のやる気は急速に萎えてしまった。

給料泥棒みたいな真似しないで！

「ちょっと、佐々木ちゃん、ママったらあんな言い方しなくていいと思わない？」

7日目の夜。いつもの3人で夜食のうどんをすすっていると、山本のおばちゃんがしかめっ面で部屋に入ってきた（このホテルには私のような隔日出勤やパートとは別に、昼から深夜まで働く住み込みの従業員が数人いる）。どうやら、彼女、先ほど仕事のやり方についてママからこってり嫌みを言われたらしい。

「まぁ、たしかにちょっと言い過ぎかもね」

「でしょー？　旦那さんは、すごくいい人なのにさ」

ママは、すべての従業員から蛇蝎《だかつ》のように嫌われていた。とにかく人使いが悪く、口も悪い。私に対しても、入社直後は優しかったのだが、近ごろでは、「掃除のときは髪の毛1本も見落とさないで」「返事が小さい」「ち

ドアに耳を押し当てると…

ょっとドタバタ歩かないで」などと文句ばかりだ。源さんなどは「あのババア、メンスが上がって情緒不安定になってんだ」と、しょっちゅう悪態をついていた。

もっとも、私はビールをパクったり、ドア越しにハアハア吐息を漏らしていた身である。腹は立っても、彼女に盾突こうなどという考えは毛頭なかった。

ところが翌日。

「アンタ、何やってんの！」

表のゴミ捨て場でスニーカーのひもを結んでいた私の背中に、怒声が響いた。振り向けば、ママが鬼の形相で睨みつけている。な、なんで？

「何やってんのって聞いてるの」

「…源さんに言われて、ゴミ袋を捨てにきたんですけど」

「ウソ、階段に座ってサボってたじゃないの。給料泥棒みたいなことしないで！」

「え、違いますって。靴のヒモがほどけたから、ちょっと腰掛けて結んでいたんですよ」

「本当でしょうね？　だったら早く戻りなさい。忙しいんだから」

「…………」

人が汗だくになって働いてるのに、給料泥棒だと？　フザけんな、テメー！

どうにも我慢ができず、翌朝、私は退職を願い出た。佐々木や源さんと働くのは楽しかったし、本当はもう少し長居する予定だったが、連日の過酷な労働に体力も限界。どのみち潮時だったのだろう。

また当分、ラブホとは縁のない生活が続きそうだ。

きっついお仕事3

酒臭いオヤジと過ごすタコ部屋暮らしは意外に悪くない

日雇い土木作業員

求人情報源
手配師

バイト期間
7日間

待遇
日給5000円

金がない。とにかく金がない。なのに、後先考えず、おニューのデジカメや裏DVDを20数本買ってるのだから、もはやバカとしか言いようがない。

結果として、ここ1週間の食生活はインスタントラーメン中心である。塩、味噌、醤油。バリエーションは付けるが、もう限界だ。あと2、3日もすれば絶対、栄養失調でぶっ倒れちまう。嗚呼、マックのダブルチーズバーガーセット食いてー。

ともかく仕事だ。それも日払いバイトでなきゃ話にならん。頭に浮かぶのはただ一つ。即金希望者の最後の砦、日雇い労働である。そう、労務者街をウロつくワケありな連中が、ハローワークや手配師から斡旋してもらっている、あの完全日当制の仕事だ。

おそらくや、過酷な土木作業で、労働環境も劣悪に違いない。しかし、今の私に贅沢をこいてられる余裕は微塵もない。

現場はいっぱいあるぞ。ヤングは大歓迎だ

夏真っ盛りのある日の午後3時。うだるような暑さの中、ニッカボッカ姿の私は、都庁横の新宿中央公園を訪れていた。

実は、前日、前々日と2日間、東日本屈指の労務者街、山谷を歩き回ったのだが、声をかけた手配師が、みな口を揃えて言うのだ。

「最近、仕事の数がめっきり減ったからなぁ、なじみの連中以外には仕事を回せないよ」

期待した東京・山谷では仕事にありつけず。にしてもこの方たち、朝っぱらからフラフラと羨ましいご身分ですこと

山谷に行けば何とかなると思っていた私にはショックな現実だった。が、一方で耳よりな情報も入手した。新宿中央公園でボランティア団体が行っている炊き出し（ホームレスに無料で食事を配給すること）にも手配師が現れるというのだ。しかも、ホームレスには力仕事に不向きな者が多く、競争率はめちゃくちゃ低いらしい。可能性大いにありだ。

期待を込めて足を運んだ中央公園には、多くのホームレスが、ぶっかけご飯を手に入れようと長蛇の列を作っていた。その数、ざっと数百人。圧巻である。んで、肝心の手配師はどこにいるんだ。それらしい男、どこにもいないじゃん。もしかしてガセなの？

とりあえずホームレスに混じり、ぶっかけご飯をゲット。なかなかの美味に驚いていると、野太い声が飛び込んできた。

「はーい、現金、現金、現金バイトあるよー」

声の主は、パンチパーマをあてたゴツイおやじだった。金ムクの腕時計をハメ、万札の束を周囲に見せびらかしている。間違いない。

「あのー仕事探してるんですけど。オレでも大丈夫すかね？」

「おうおう、現場はいっぱいあるぞ。ヤングは大歓迎だ」

よっしゃ！

「で、いくらくらいもらえるんですかね？」

「なにか免許あるのか？　溶接とかクレーンとかよ」

右／新宿中央公園には、食事を求めるホームレスが集結。どえらいコトになっとりました　左／これがぶっかけご飯。ライスの上にサラダスパゲッティ、ポークハム、お新香がのっており、見た目以上に美味

「いや、ナンにも…」

「じゃ、1日5千円だな」

ご、5千円!? 期待していた額の半分もないじゃんよ。ピンハネしすぎじゃないのか。

落胆する私にオヤジは眉をしかめる。この仕事は、給料が5千円も出る上、朝・昼食つきの宿泊施設に泊まれるんだ。ホームレスの分際で、いったい何が不服なんだ。

ん? 宿泊施設? それってもしやタコ部屋っていうヤツ?

「バカ言うな、ちゃんとしたアパートだよ」

「あのオレ、ホームレスじゃないっすよ。ちゃんと自宅があるんで、その分、日当をはずんでもらえませんかね?」

「ダメダメ。オレが紹介する仕事はみんな寮生活してもらうんだから。この条件が飲めなきゃ、仕事はやらねーよ」

「どーしても?」

「どーしても」

くっそー、足下見やがって。わかった、わかりましたよ。

「じゃあ、さっそく今晩から施設に泊ってもらうぞ。あそこの車に乗れ」

オヤジに指示され、ライトバンに乗り込むと、すでに3人のホームレスが待機していた。車内に漂う酸っぱい臭いが鼻腔に突き刺さる。ううぅ、気持ちワリー。

「ありゃりゃ、ずいぶん若い兄ちゃんだこと。おい、今日の飯けっこうイケただろ?」

口で息をしている私に、隣の中年ホームレスが話しかけてきた。

「え、ええ。ソートー美味かったですよね」

「だよなだよな。オレなんかここんとこ、残飯とかドッグフードばっか食ってたからよ、もう舌がとろけちゃったよ。なははは」

えーっと、ワタクシ、こんな連中と上手くやっていけるのでありましょうか。

6畳一間の和室に酒臭いオヤジ4人と同居

定員一杯の8人になったところで車は走り出し、まもなく渋谷区内の『Y建設』なる会社前に到着した。どうやら、ここが今日の雇い主らしい。

「じゃあ、みんな最初に作業員登録すませちゃってくれ」

手配師の指示に従い事務所に入ると、大きなホワイトボードが目に飛び込んできた。12カ所の現場名、百人以上の作業員の名前がぎっしり書き込まれている。この連中も、手配師に連れてこられたのだろうか。

もらった用紙に住所・氏名・年齢・電話番号等々を書き込んでいく。って、他の連中はどーすんの。私以外、みな住所不定じゃん。

「自宅のないヤツは、ここに地図帳あるから好きな住所選んで、書いといてくれ」

寝泊まりすることになった201号室。染みついた汗臭さが強烈

なるほど…。

登録が終わり、我々一行は次に宿泊施設へと向かった。ひどいところだろうとは思っていたが、想像どおりだった。歩くこと10分、目の前に現れたのは、築50年は経っているであろう、木造の激ボロアパートである。新入りの我らは各々部屋を振り分けられ、私は201号室らしい。

ドアを開け、ぶったまげた。なんと、すでに先住のオヤジが4人もいるではないか。みなパンツ一丁で床にゴロつき、顔が赤くなってる。くわー、酒くせー。

しかもこの部屋の狭さといったらどうよ。6畳の和室に2畳程度の台所があるだけ。一応、押入をぶち抜き、スペースを広げてはいるものの、ここに大人5人で住めってか。トイレも風呂もないぞ。

ちなみに、これは後で聞いたのだが、Y建設はホームレス労働者の収容施設として、周辺のアパートを数カ所、まるごと買い上げているらしい。このボロアパートにも1部屋に5人ずつ、計20人が暮らしており、毎朝、いろんな現場へ出かけているとか。で、バックレなどで人手が減ってくると、手配師を使い、新たな労働力を補充しているのだ。

「そろそろ消灯だからよ、部屋の電気消してくんねーか」

ひと通り、部屋の連中に挨拶を済ませたあたりで、古株の金城さん（63才）に呼び止められた。消灯ってまだ9時じゃん。寝るにはまだ早いんでは？

「オレたちゃ、5時起きで現場だからよ」

はやっ！

渋々小汚いセンベイ布団を取り出し、電灯のスイッチを切った。砂ぼこりでザラザラの布団、蒸し風呂の室内、獣のような体臭。沸き立つ憂鬱感を振り払うかのように、私はギュッと目を閉じた。

特殊技能のない『雑工』は奴隷のごとき扱い

「おい起きろ！」

翌朝6時、Y建設のおっさん（正社員）に叩き起こされた。今日はこのおっさんと2人で、千葉にあるマンションの建設現場へ向かうらしい。他の連中はとっくに出かけてしまって、1人も残っていない。

いったん事務所へ寄り、出された玉子かけご飯をパクパク。車に乗り込み、午前8時過ぎには現場に着いた。

すでにマンション前には、別の建設会社の作業員が20人近く集まり、ラジオ体操の真っ最中だ。直ちに私も加わった。

この後、悪代官ヅラの現場監督から役割の指示があり、私の仕事は、土の運搬と決まった。

トラックで運ばれてきた土を、ネコ（一輪車）でマンション中の花壇にひたすら放り込んでいく。見た目はごく単純な作業。しかし、実際はバランス感覚や筋力が要求され、かなりしんどい。4往復目あたりから、早くも指にマメができてしまった。

仕事はこれだけではない。この手の現場において、私のよう

どの現場でも、仕事は雑用ばかりで、人遣いの荒いこと！

に特殊技能のない者は『雑工』と呼ばれ、土を運んでいる最中も、次々と雑用を言いつけられる。

「おーい、オマエ。その辺のガラ（ゴミ）集めて、投げとけ（捨てとけ）」

「はいはい！」

「ぼーっとしてねーで、早くセメント袋もってこいよ、ボケ！」

「す、すいません！」

建築現場というところは、鳶、内装工、配管工など様々な職人が出入りしており、総じて彼らは人使いが荒く、口も悪い。自然、最下級の作業員である雑工は奴隷のごとく扱われるのだ。

作業が午前10時の休憩を挟み、やっと昼休みになる頃には、体はクタクタ。支給の弁当を食べるやいなや、私は木陰でひっくり返った。キツい。キツ過ぎだ…。

いずれ自己破産して人生をやり直す

午後1時。昼休みが明け、また新たな仕事を与えられた。指定された場所へ、大量のコンクリートブロックを手で運ぶのだ。

死ぬほどツラかった。ブロックは一つで10キロ近くあり、瞬く間に両腕がパンパン、握力も次第に無くなってくる。おまけに気温36度の炎天下だ。ダメ、体が焦げちまうって。

ブロックを放り出し、人気のない場所に座り込んだ。たった5千円で、こんなにこき使われちゃあ、やってらんねーよ！

「あれ、和田か？　なにオマエ、サボってんのか？」

いつの間にか、背後に見覚えのあるオヤジが立っていた。昨日、手配師の車に同乗していた丸山さん（45才）である。いやーマズイぞ、こりゃ。

「はは、心配すんな。オレもいまちょうど逃げてきたんだ。ここ、ちょっと仕事が忙しすぎだよ」

「よかったぁ。怒られるのかと思いましたよ」

「オマエ、こういう仕事の経験あんまりないんだろ？疲れて当然だよな。ま、オレは昔、配管工やってたんだけどさ…」

缶コーヒーを飲みつつ、丸山さんは私の隣に腰を下ろした。

彼がホームレスになったのは今から6年前。多額の借金を抱えていた時期に、バイク事故で入院したのが原因らしい。退院までの3カ月間、収入はないわ、返済は滞るわでニッチもサッチもいかなくなり、地元の山形県を飛び出してきたという。あとはお決まりの転落人生だ。

「気がついたら、新宿中央公園で段ボール生活始めてたな。でも、いつまでもこのままじゃ格好つかねーからよ、いずれちゃんと自己破産して、もう一度人生やり直そうと思ってんだ」

うう、いい話じゃないっすか、丸山さん。オレ、応援しますよ！

結局30分近くサボった後、私はやおら腰を上げ、ブロック運びを再開。他にも、午後5時まで目一杯、ドブさらいなどの雑用をこなし、ようやく長い1日を終えた。

稼いだカネはその日のうちに使い切る

事務所で日当を受け取り、部屋に戻ると、金城さんが洗濯物を干していた。

「おう、和田。コインランドリーが近くにあるからオマエも洗濯してこい。臭いとまわりに迷惑かかるからな」

「…はぁ」

まさか、アナタにそんなことを言われるとは思わなかったぞ。

しかし、キレイ好きなのは金城さんだけではない。1時間後、仕事から戻ってきた連中も、すぐに風呂桶を抱

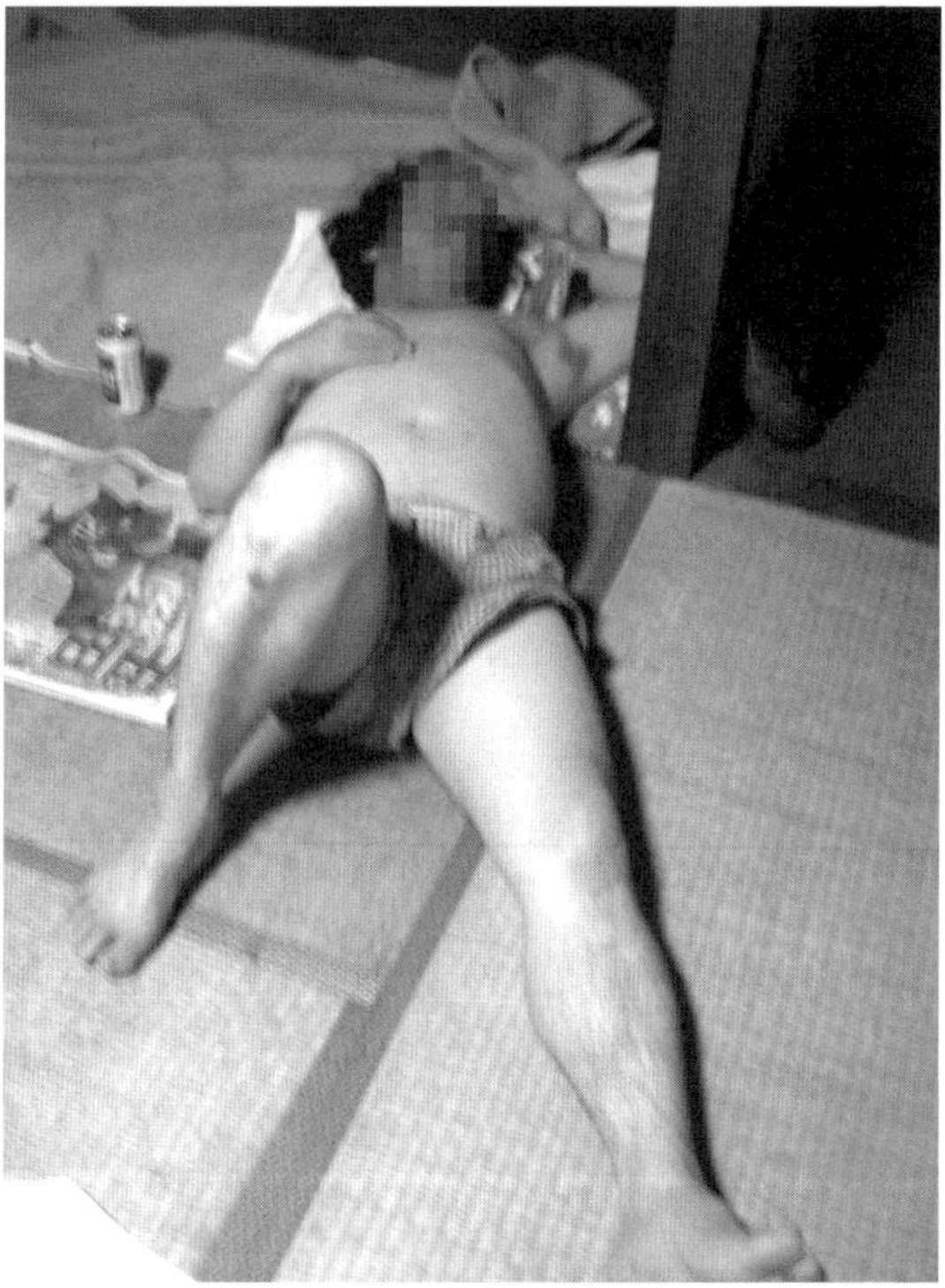

酔っぱらって、寝込んでしまった金城さん。
お見せできぬのが残念なほど、ええ顔してらっしゃいます

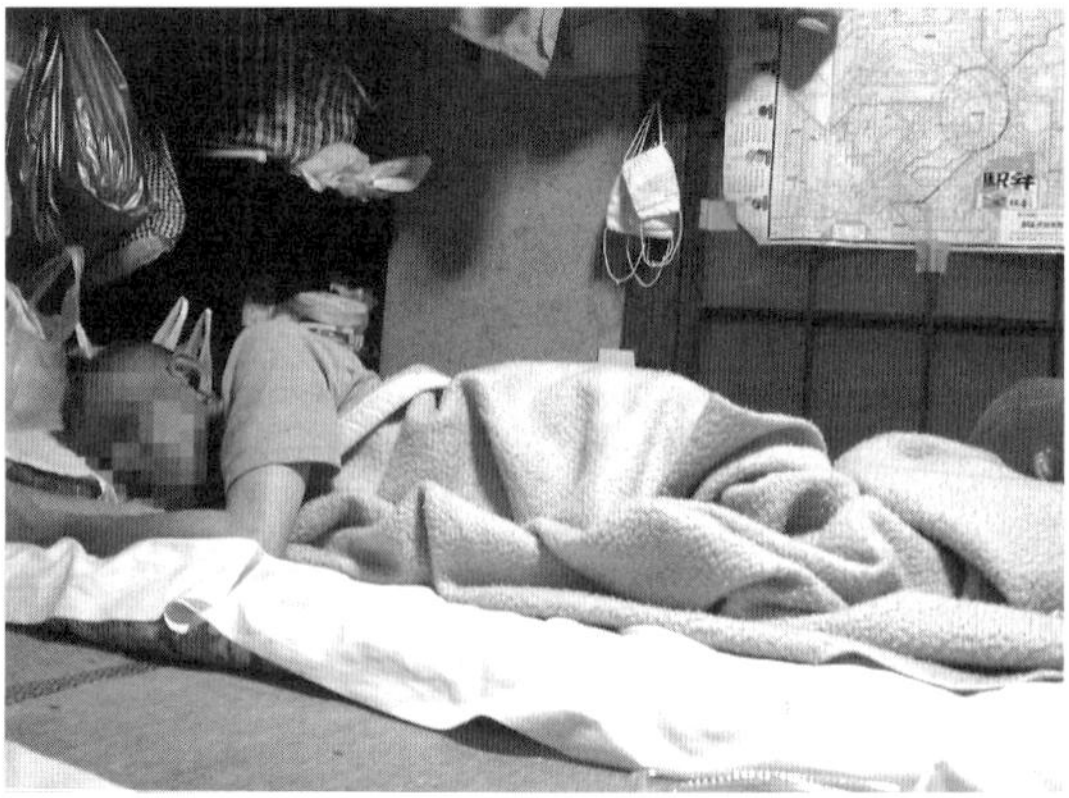

本文中には出てこなかった同部屋の金田さん（58才）。
2カ月前まで新宿御苑で段ボール生活を送っていたらしい

え、ゾロゾロ銭湯に向かうのである。ホームレスといえども、皆さん、カネが入れば当たり前の生活に戻るもんなんですなぁ。

「和田、オマエも来いよ。スッキリするぞー」

近所の銭湯で1日の汗を洗い流した後は、各自、酒屋で大量の酒を買い込み、宴会が始まった。缶ビールやらツマミやらで、確実に1人3千円以上は使っているけど、誰も気にしちゃいない。とにかく飲むわ食うわ。みな稼いだカネをどう使い切るかに夢中で、何かこう、実に男らしい世界なのである。

「当然だろ。オレたちゃ、1日1日が楽しけりゃそれでいいんだわ。将来の心配なんかしてたら、ホームレスになんかなってねーよ。なあみんな」

「うんうん、いいこと言うねぇ。ホントその通りだわな」

宴会は午後9時過ぎまで続いた。ビールは美味いし、傷害で2度の刑務所経験がある金城さんの獄中話は最高だし、んーどうしてどうして。タコ部屋生活、悪くないじゃない。

見所あるから正社員にならねーか？

翌日は午前7時。横浜郊外にある老人ホームの新築工事現場へ出向いた。Y建設からは他に10人来ていたが、またも同部屋の連中とはバラバラである。

作業は、建物の床下に潜り、コンクリート片、泥などを集め、ゴミ袋へ捨てるという、相変わらずの雑用仕事だ。

さっそく、スコップと竹ボウキを手に床下に入り込むと、プ〜ン。耳元にイヤーな羽音が聞こえた。蚊だ。それも刺されたらめちゃくちゃ痒くなる白黒のブチタイプが大量に飛び回っている。

老人ホームの床下は蚊、天井の低さの二重苦に加え空気も薄い。事故が起きぬよう、酸素濃度計を見ながらの作業が義務づけられている

作業開始から数分で全身を刺されまくった私は、半狂乱に陥った。顔、腕、足。とにかく痒くて一瞬もジッとしていられない。おまけに、ここは高さが130センチほどしかない床下である。ずっと屈みっぱなしで、腰も痛い。でもって、チンタラやってたら現場監督から「何やってるらぁ、バカ野郎!」と静岡訛りの檄《げき》が飛んでくる。あぁもう最悪!

しかし、この仕事、意外にも私の性に合っていた。泣く泣く夕方まで仕事をこなしても、その後、仕事仲間と酒を飲んで騒げば、実に気分爽快になるのだ。

事実、その翌日からの3日間、とある大学の内装工事の補助に3日連続でかり出されたときも、元請けのヤンキー作業員にさんざんアゴでこき使われたが、一度もバックレようとは考えなかった。どんなに疲れても、後に控えている宴会が、すべてをリセットしてくれるのだ。

そんな私の心境を知ってから知らずか、ある日、Y建設の専務が思いもよらぬことを言い出した。

「若いのによく頑張るじゃねーか。月30万は確実に稼がしてやるぞ。オマエはならねーか。正式にウチの社員に見所があるからな」

きゃー、うれしいこと言ってくれるねぇ、オッチャン。けど、遠慮しときます。齢24才。まだまだオイラの人生にゃ、夢も希望もありますんで。

オナニーしてたら泥棒に間違われた

日雇い労働生活もすっかり板についてきた6日目の夕方。その日、一番乗りで現場から部屋に戻った私は、作業服を脱ぎ捨てると、おもむろにセンベイ布団に潜り込んだ。そろそろ、溜まりに溜まった下半身のお汁を、放出しようというのである。

漫画雑誌のグラビアギャルを睨みつけること2分。ううっ、はぁ〜、溜め息とともに、果てたそのときだった。

ダダダダダダ！

誰かが階段を駆け上がってくる。慌てて、布団をかぶり狸寝入りを決め込んだところ、

「おい、見たぞ！」

金城さんだった。

「おい、和田。起きろ！」

「…どーしたんすか？」

「今、なんか隠しただろ」

「は？　なにも隠してなんかいないですよぉ」

「うそつけ！　見せてみろ」

なぜか怒り心頭の金城さん。抵抗むなしく、布団を剥ぎ取られてしまった。あう、恥ずかしい！

「あれ、なーんだ漫画かあ。…ってかオマエ、どうしてチンポ丸出しなんだ？」

「…………」

「…あ、もしかしてマスかいてた？　ぎゃははは、スマンスマン。てっきりまたヤラれたのかと思っちゃったよ」

「え？」

フリチンのままワケを尋ねると、金城さんはケタケタ笑いながら言う。この宿泊施設ではよく同居人同士の盗難が起きるので、てっきり勘違いした。つい1カ月前にも、全員の荷物とカネをパクり、トンズラをかました輩がいたんだ、と。うーん、世知辛《せちがら》い話よのぉ。

なんて嘆いていた私は翌日、とある工事現場での補助作業を終え、事務所で日当をもらったその足で、トンズラした。

正直、このまま続けてると、抜け出せなくなりそうで恐い。だって、タコ部屋生活、あまりに快適すぎるんだもの。


7日間働いて得た収入は、計3万5千円。日払いのメリットを考えても、安すぎると言わざるをえない。

しかし、後日、山谷の手配師に聞いたところ、現在、日雇い労働の日当相場は1万円で、都内・高田馬場では、それ以上の額の仕事が見つかることもあるそうだ。興味を持たれた方は、早朝4時半、現地で手配師を探してみるといい。

で、私を手配したオッサンは、いくら抜いてたんでしょうか？

タコ部屋生活、最後の夜。この、後ろ髪を引かれる気持ちは何なのだろう…

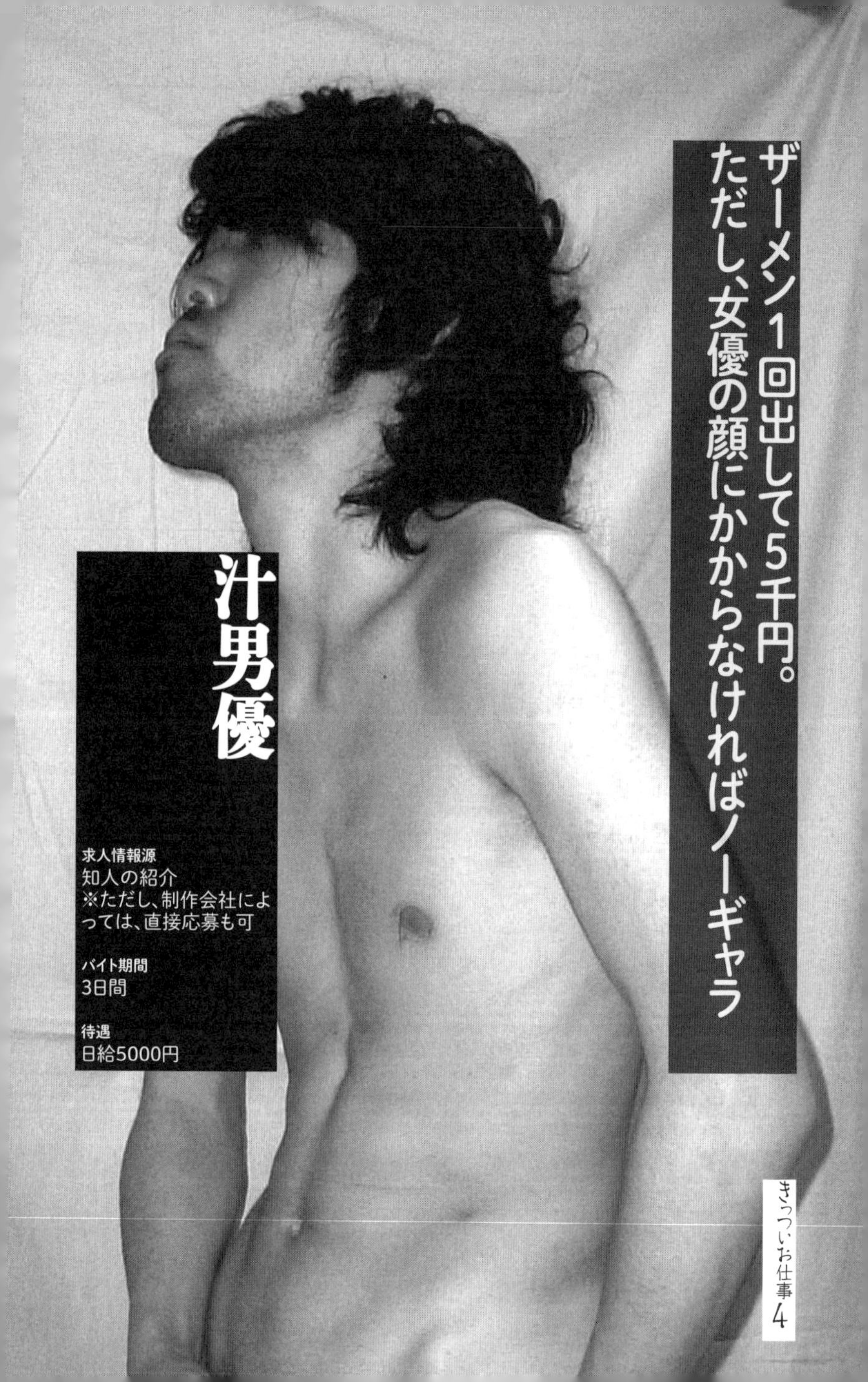

ザーメン1回出して5千円。ただし、女優の顔にかからなければノーギャラ

汁男優

求人情報源
知人の紹介
※ただし、制作会社によっては、直接応募も可

バイト期間
3日間

待遇
日給5000円

『和田ちゃん、今度AVに出てみない？』

そんないきなりな電話をかけてきたのは、知り合いの宮田さんだった。彼は、とある劇団の主宰者で、私が運営する小劇団とも交流があり、しばしば飲みに行く間柄だ。で、AVって何すか？

『実はいま汁男優を探してんだけどさ、適当なのがいないのよ。興味ない？』

『あ、なるほど…』

汁男優とは、AV女優に精子をぶっかけるためだけ用の男優だ。女優からフェラされることもなく、挿入することもなく、自らシコって発射というのが通常である。

で、宮田氏の劇団員は舞台公演の他に、映画、Vシネマ、ドラマのエキストラなどにも多数出演しており、その関係で、AV制作会社の知り合いに頼まれたらしい。

『給料ってもらえるんすか？』

『5千円出るよ』

『結構安いっすねぇ〜』

『いいじゃん、やれよ。ナマのAV女優をオカズに堂々とオナニーできんだぞ』

『ほうほう！』

『スペルマをたくさん顔にひっかけられるんだぞ』

『ほうほう!!』

『どうよ、和田ちゃん』

有り難く、有り難〜くお受け致しましょう。

ちょい役でもプロ意識を持つべし

3日後の夕方6時、新宿。指定のスタジオで受付を済ませ中へ。通された部屋には、黒板、教卓、机といういかにも教室風なセットが組まれ、その片隅に30～40才の男たちが5人、所在なさげに佇んでいた。様子からして、どうやらこの人たちも汁らしい。退屈シノギに話しかけってみっか。

「どうも、お疲れ様です。初めてなんで勝手がわからないんですけど、とりあえずここで待ってればいいんですかね？」

「あぁ、そうだよ。んふふ、そう、ここで待ってればいいんだよぉ、んぷぷ」

キモっ。何なんだよコイツ。もしかしてイッちゃってんのか？

オカシイのはメガネおやじだけではない。後方でチンチロリンに興じ、時々ギャアギャア嬌声を張り上げている2人組、黙々と足の裏の皮を剥いているトッチャン坊や、エロ本をめくりつつ、股をこすっているおっさん。みんな、ダメ～な大人のオーラをプンプン放っている。

私の出番はなかなか来なかった。撮影は別室でとっくに始まっているようだが、1時間経っても誰も呼びに来ないし、気配すらない。

後でわかったのだが、どんな作品であれ、汁男優は普通、登場シーン以外は、別室に閉じこめられるケースが大半らしい。撮影の段取りはおろか、作品の内容さえ知らされることがない。つまり、終始、蚊帳の外なのだ。

いざスタジオ入り！

試しに壁に貼られたタイムスケジュールを見てみると、汁の出番は予定より大幅に遅れていた。ヒマだなぁー。

ADらしきスタッフが現れたのは、それからさらに1時間後のことだ。

「お疲れ様でーす。そろそろ出番なんで、パンイチ（パンツ一丁）になってください。あと、ここにウェットティッシュがありますんで、よーくチンコを拭いといてくださいね」

おおキタキター、ついに出番か。よーし、どの部屋に行けばいいんだ？　クー胸が高鳴っちゃうなぁ。

「ちょっとちょっと、キミ。現場入り前に勃起させといてもらわないと困るよ。ホラ、ちゃんとシゴいてかなきゃ」

えーここで？　汗臭いおっさんたちしかいないこの場所でシコれと？　ウソでしょ⁉

本気らしい。件《くだん》のADクンが口を尖らせて宣うのだ。汁男優はいつ何時でも発射できるよう、常に準備をしておくのが仕事だと。ちょい役だろうがなんだろうが、作品に参加する以上、プロ意識を持って臨んでほしいと。

ナ〜ニかっこつけてんだよ、下っ端風情が。ま、とりあえず言われたとおりやるけどさ。

勝手にイクのはナシだから

一向に硬くならない息子をさすりつつ、ADクン、素っ裸のおっさんたちとともに、上階の撮影現場へ移動する。と、診察室のセッ

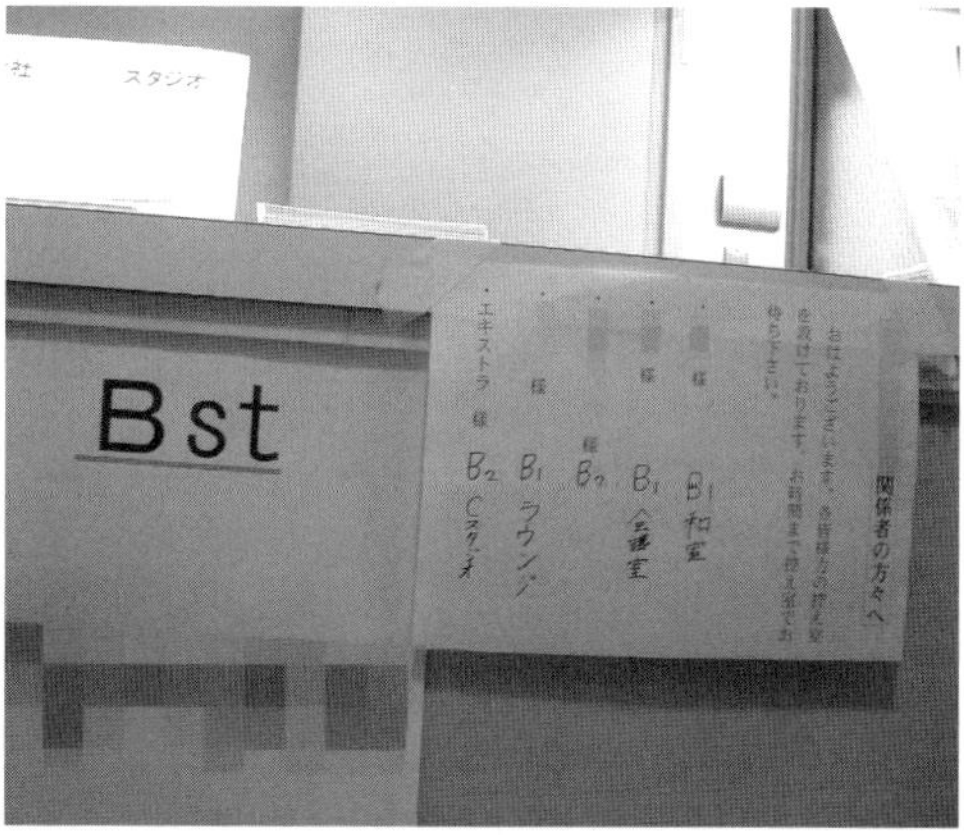

受付では、関係者ごとに控え室が振り分けられている。
汁（エキストラ）は当然、一番下の階

トにバスローブ姿の女の子の姿が。企画モノの女優さんらしいが、なんつーか、やたらカワイイ。オネーさん系でどことなく癒し系。しかも胸はFカップの爆乳だ。

こ、こんなお嬢さんの裸を眺め、射精させていただけるのでありますか！

「んじゃ汁、こっちにきて」

すっかり鼻の下を伸ばしきっている私の耳に、年若い監督の声が飛び込んできた。これから我我6人であの女優さんを取り囲み、ランダムにフェラチオを受けるらしい。で、イキそうになれば、彼女の胸めがけてぶっ放す。段取りはたったこれだけだ。

「ただし、勝手にイクのはナシだから。必ず、事前にカメラマンへ合図を送るように」

監督のことばが終わると同時に、照明がオン。促されるまま、全裸の女優さんに近づくや、胃がキリキリ痛み出した。

自分は完全なるチョイ役。顔だってほとんど映ることはない。そんなことはわかっているが、緊張感は高まるばかり。果たして立派な射精ができるのだろうか。思わず、チンポを握る右手の動きも速くなる。

「はい、5秒前、4、3、2…」

カメラが回ると、女優さんが勢いよく隣の汁のイチモツをパクリとくわえ込んだ。じゅるじゅるちゅぱちゅぱと音をたて、自らもパイオツを揉みしだく。そのエロい様を凝視しつつ、シゴきまくる私。八分勃ちながら、早

汁の控え室。どんよりしてるんだこれが

くも発射寸前である。うう…。

たまらず、私は女優さんに下半身を突き出し、無言のフェラーリ要求を行った。

パク。く、さすがプロだ。吸い付きがすごいじゃない。いいヨー、気持ちいいヨー、タマらんヨー…。

恐らく時間にして20秒ほど。慌てて口から引っこ抜くと、先端から白濁の液体が飛び散った。ふう、一番乗りかよ。

射精後は、余韻に浸る間もなく、強制的にカメラフレームからフェードアウト。密かに期待していたAV女優との交流など皆無で、声をかけるチャンスすらない。5千円を受け取り、早々にお役御免と相成った（それでも半日以上拘束されたが）。

クイズが不正解ならエロい罰ゲームを

翌々日、同じ制作会社から電話があった。3日後に別の撮影があるとかで、ぜひ出演してほしいという。ギャラは同じく5千円。黒のビキニブリーフを持参せよとのことだ。

二つ返事で承諾した私は、当日、横浜郊外の大型スタジオへ。前回とは打って変わり、ドエライ数の汁男優が集まっている。

20代後半から70近いジーさんまで。ざっと40人はいようか。例によって小汚い連中ばかりだ。

「あのー、こういうの何度も来てるんですか？」

ふいに、1人の好青年風に声をかけられた。ん、誰？

「僕初めてなんです。で、何してたらいいかわかんなくて」

「あ、初心者の人ね。この仕事は待つのが仕事みたいなもんだし、お呼びがかかるまで気楽にしてなよ。リラックスリラックス」

森川と名乗る青年に対しイッパシの口をきく私。２度目ともなると気持ちはヨユーである。

それはそうと、森川くん。君はどうやって汁男優の職にありついたのかね？

「制作会社のホームページに載ってたんですよ、募集広告が」

「へえ」

聞けば、汁男優を募集している会社は結構あるらしい。ほう、それは知らなかった。家に帰ったらチェックしておこう。

間もなく、ＡＤの先導で撮影現場に入った。往年のテレビ番組『クイズダービー』のような大がかりなセットが組まれており、看板には「ミスキャンパス・クイズ大会」という文字が踊っている。またも企画モノの作品のようだ。

ＡＤの説明によれば、６人の現役女子大生（恐らくウソだと思う）が早押し、イントロなどいろいろなクイズに出場、正解すると豪華商品が次々ゲットできるが、不正解の場合はエロい罰ゲームを受けるという趣旨らしい。

てことは、その罰ゲームにオレたちが狩り出されるんだな。んふふ、なかなか楽しそうではないか。

○×ゲームの撮影現場。マヌケな設定ながらスタッフは大マジ

よってたかって尻やマンコを触りまくり

初っ端に、汁男優全員が左右にズラリと並ぶ中を、女子大生どもが入場行進するというシーンを撮り終えた後は、ずっと控え室で待機が続いた。

時折、10人ほど呼び出され、撮影に参加しているのだが、それがどういう基準なのか、スタッフからの説明はなく、状況がまったく把握できない。

待つこと3時間。ようやくお声がかかった。出動するのは、私と先ほどの森川君を含む10名。クイズの不正解者の服を脱がす役と、スペルマをかけ散らかす役の2チームに分かれ、私は脱がせ班に編入された。

クイズは○×方式だ。出題の後、女性陣が○か×の書かれた大きな壁紙を選んでそこへ突入し、不正解の場合は、裏で待ち受けるスペルマ部隊の餌食になる。お、さっそく1人目がこっちに飛び込んできたぞ。

「ぶーっかけ、ぶーっかけ、ぶーっかけ」

「脱ーがーせ、脱ーがーせ」

事前に教えられたコールを叫びつつ、我々はよってたかって女のコの服を脱がしにかかった。ある者は尻やマンコを触りまくり、ある者は自分のチンポをこすりつけてとヤリたい放題。森川君など、おっ拡げた股めがけてクンニまでしてやがる。てめぇ、何が「初心者です」だ。オレにもやらせろ。

「ホラ、興奮しない。女の子の体が隠れるからクンニはNGだぞ」

森川君に負けじとかがみ込んだところ、私だけ監督から注意を受けた。え、なんだよー、森川1人だけ得じゃん。おまけに、1番先にぶっかけちゃって。ヤなヤツじゃのう。

見知らぬ女に小便をかける快感

○×クイズの後、再び待機を命じられた。大半の汁は役目を果たし帰宅したものの、未射精の者は、まだ仕事を終えていないと見なされるらしい。脱がせ班、かなり損な役回りである。

時刻はすでに夜中の12時を回っている。もう9時間以上、スタジオに缶詰状態だ。はぁ～。

待合室でぐったりうなだれる私にADが近づいてきた。

「お疲れ様です。次がラストなんで頑張ってください。でですね、今回は精子じゃなくてオシッコをかけてほしいんですよ」

「え？」

この日のためにわざわざ2日前からオナニー規制もしてたのに、オシッコってか。

ま、それも考えようか。普段の生活で、見知らぬオンナにションベンを引っかけるなんてありえねーもんな。いいでしょ、やりましょう。

スタッフから半ば強制的にお茶1リットルを飲まされ、いざ現場へ。早押しクイズで不正解を出した女のコを他の汁軍団5人とともに取り囲んだ。

軍団のリーダー役が、与えられたセリフを棒読みする。

「おい、間違ったな。ここでオシッコしろよ！」

「えー、やだぁー」

わざとらしく拒否して見せた後、チョロチョロと黄色い尿を垂らす女のコ。それを合図に、リーダーがまたもぎこちなく叫ぶ。

「おい、みんな！　こいつにオシッコかけてやれよ」

待ってましたとばかりに、みながシャーシャー始める。果たして、私は出遅れた。…まったく出ない。どれだけ頑張っても、1滴も出そうにない。むしろ脳ミソから送られてくる信号は大の方である。なんでよぉ。

焦った私は目を閉じ、全神経をチンコの先に集中させた。

ジョンジョロジョンジョロ
ふう、やっと出た。ウレシイ！　しかも女のコの顔に引っかけて、マジ泣きさせちゃったよ。ものすごくウレシイ！　いや、これだけは親バレしませんように。

射精完了証明のゴムバンドをもらえ

すっかり汁の楽しさに目覚めた私は、数日後、例の森川君から聞いた別のホームページで汁男優の登録を行った。住所氏名、連絡先など必要事項を書き込めば、誰でも応募可能だ。

先方から連絡が届いたのはそれから1週間後。明日の撮影に来れば1発5千円、2発だと追加で2千円もらえるらしい。たった2回シコって7千円。ふふ、いい仕事じゃん、ったくよぉ。

その日、池袋のスタジオに集まった汁は総勢60人以上。事前の話では、1人の女優のローターオナニーを見つつ、60人全員でシコシコやるらしい。

驚いたのは、撮影場所がわずか12畳足らずの小部屋だったことだ。想像してほしい。狭っ苦しい空間に、大の大人が60人、うじゃうじゃひしめき合うのである。それも全裸でシコリながら。その絵ヅラ、もはやギャグ以外の何物でもない。

　さらには、少しでもいいポジションを取ろうと、無言のままヒジやヒザで互いを攻撃し合うので、ストレスが溜まりまくる。特にウザいのがベテラン風の汁だ。後ろから私のケツを蹴り上げ、怒鳴り散らすのである。

「おい、オマエどけよ。新人なら気を遣えっつーの」

　監督の要求も手厳しい。
○射精はかならず女優の顔にぶっかけろ
○チンポを顔に近づけたらすぐに発射しろ
○必要以上にチンポを振るな（画面がモザイクだらけになるから）
○射精後はすぐに場を譲り、射精完了証明のゴムバンドをもらえ
　これらが守れなければ、むろんノーギャラだ。

だが、最強に不愉快なことは他にある。射精済みの汁男優が辺りをウロついているため、精液が私の手足にチンポに、ペロッと付着してしまうことだ。その気色悪さといったら鬼のごとし。せっかく射精寸前まで高まっても、瞬く間に萎えてしまう。

　それでもどうにか最低限の仕事をこなした私は、そそくさと帰宅。虚脱感のあまり、ぐったりベッドに倒れ込むのであった。

撮影直前の汁控え室。この直後、世にもおぞましき小部屋に全員が詰め込まれる

汁男優というお仕事。私なりに調べてみたところ、１発出しての相場は３〜７千円程度で拘束時間も制作会社によってまちまちのようだ。これ１本で稼ぐにはかなりの根性と根気が必要で、とりあえず私はもうヤル気がない。

と、最初に原稿を書き終えた時点では思っていたのに、恥ずかしながら白状すれば、実はいまだに継続中だ。

というのも、一度、友人に誘われイヤイヤ赴いた現場で、某有名女優からなんとイマラチオの洗礼を受け、本番までさせてもらっちゃったのだ。

以来、汁男優でも場合によってはかなりオイシイと考えを改め、ヒマを見つけてはピュッピュと精子を放出しまくっている。もはや、ベテランの域に入りつつあると言っても過言じゃないだろう。

これから試そうという皆さん、ご安心を。現場で会うことがあれば、威張り散らすコトなく、懇切丁寧に指導してあげますする。多分。

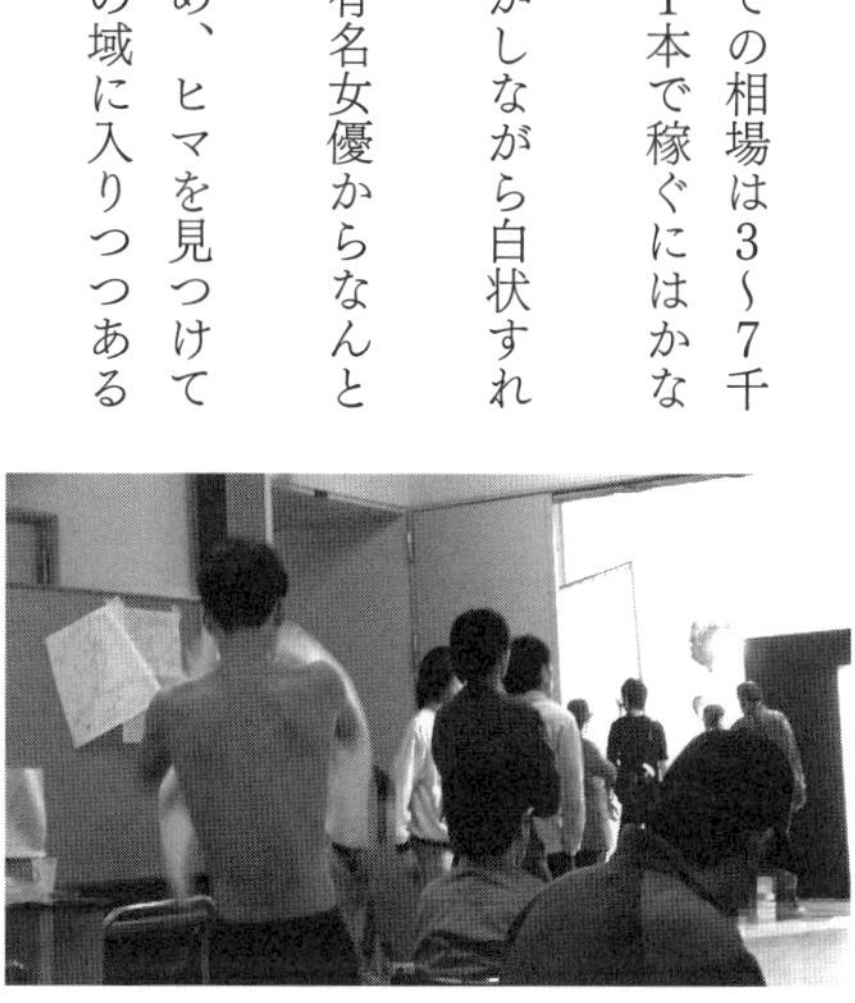

撮影が終われば、汁はソクお役御免。お疲れ様でした〜

人前で発射するのは想像以上に大変

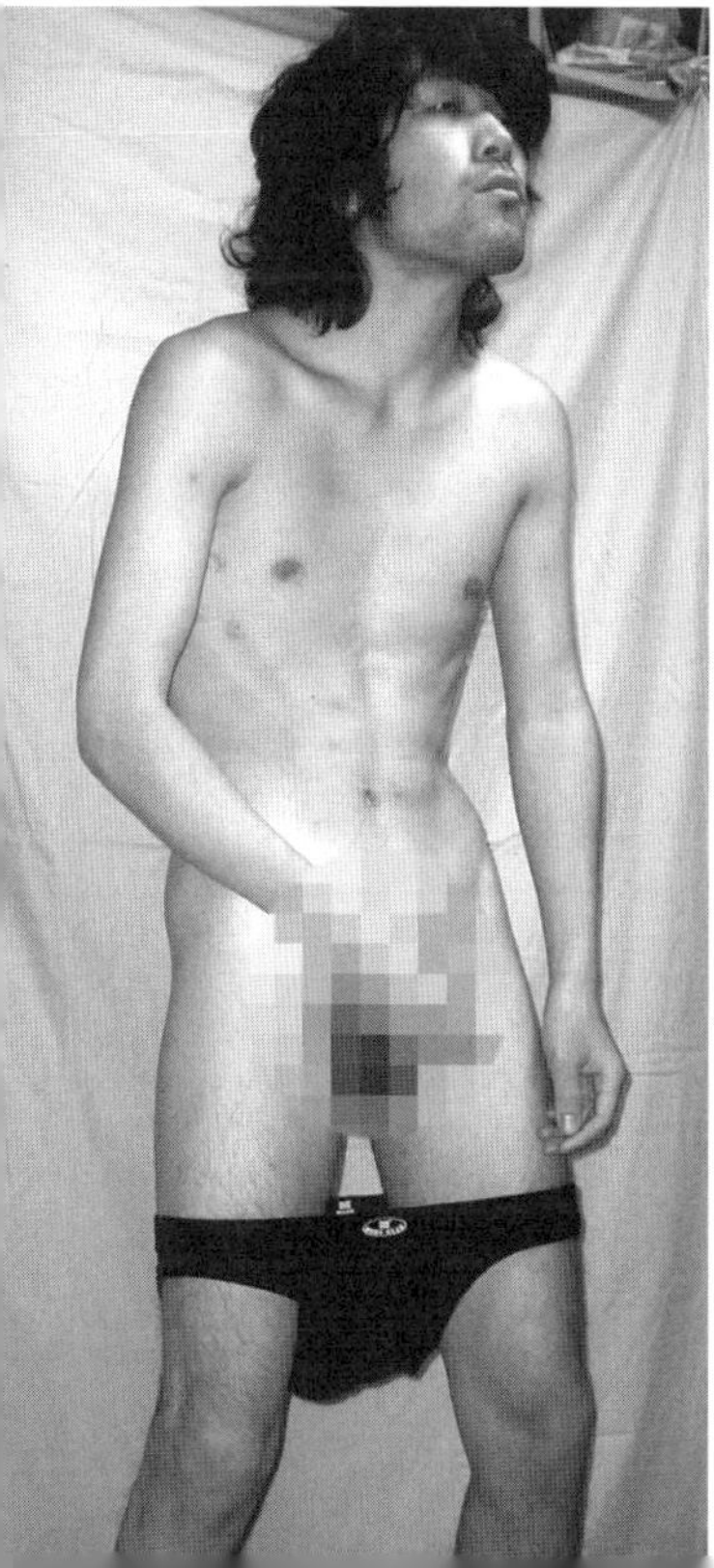

害虫駆除

求人情報源
ハローワーク

バイト期間
9日間

待遇
時給1500円

生まれて初めての ゴキブリ&ネズミ大量殺戮作戦

ここ数年、梅雨の時期になると、ある深刻な問題に悩まされている。ゴキブリだ。朝からカサカサ、夜になってもカサカサ。築30年の我がボロアパートでは、不穏な足音が1日中休むことを知らない。冗談ではなく、おちおち安眠できないほどなのだ。

そんな私が、なんとも意味深な求人募集を見つけたのは決して偶然じゃなかろう。

【害虫駆除のスタッフ大募集　時給1千500円〜】

天啓だと思った。ここで働けば、我が家の憎き外道どもを一気に殲滅《せんめつ》させる術をマスターできる。給料もキャバ嬢並にイイし。…ええやないか、ええ仕事見つけたやないか。

時給はあくまで作業中のみカウント

面接に訪れたのは中央区の古びた雑居ビル。きしむドアを開けると、狭苦しい事務所にスタッフらしき男性が2人佇んでいた。

「すいません。昨日、電話した和田ですけど」

「はい、どうもどうもー、よく来てくれました。ここに掛けて」

応対してくれた白髪頭の中年男性、錦野社長が説明を始める。駆除の対象になるのはゴキブリ、ネズミの他、ダニ、ノミ、小バエ等々。顧客は飲食店が大半らしい。

「でも、なんでウチで働こうと考えたの？」

「一番はやっぱり給料ですかね」

「ああ、それね、最初に断っておくけど、時給1千500円ってのは、あくまで作業中のみカウントされるから」

「はい？」

つまり、会社での待機時間や移動中は、時給が発生しないんだ、と社長は気まずそうに言う。んー、なんか軽くサギに遭った気分。

「それから、夜行性の動物相手だから時間帯はかなり不規則なんだけど大丈夫？」

「ええ。生活リズムは常に乱れっぱなしですんで」

「じゃあ悪いけど、今晩から現場に出てもらえるかな？」

「問題ありません」

「おお、頼もしいな。んじゃ期待してるよ、和田くん」

この後、1カ月頑張れば正社員も夢じゃないだの、ゆくゆくは独立の支援もやってあげるだの、微妙なエサをぶら下げつつ、社長は害虫駆除の素晴らしさを延々しゃべり続けた。

困った。この会社、従業員は社長と田中部長（40代）の2人だけで、あとは社長の奥さんが経理を担当している典型的な零細企業。仕事柄、就業希望者も少なく、私のような若手スタッフが貴重なんだろうが…。そんな必死になられちゃ、後々辞めづらくなっちゃうじゃん。

1時間働いて2時間待機

午後8時、作業道具を満載したワンボックスカーに乗り込み、本日の現場、千代田区の魚料理店へ向かう。この日は定休日らしく、田中部長が店から預かった合い鍵でシャッターを勢いよく開ける。

「和田ちゃん、ここじゃゴキブリ用の施行が中心なんだ。やり方をしっかり見て覚えな」

部長が長さ15センチ程度の注射器を取り出した。中には黄土色の液体が入っている。こいつは毒エサで、食ったゴキブリはもちろん、その死骸やフンをかじった仲間も1匹残らず昇天させるほどの威力があるという。

田中部長はその毒エサを注射器から数ミリずつ押し出し、ゴキブリが通りそうな厨房周辺に塗りつけていく。巣のありがちな冷蔵庫裏などは、特に念入りに塗布《とふ》しなければならないらしい。これならド素人でも簡単にできそうだ。部長、オレもやってみたいっす。

「いいよ。じゃあ、入り口の方やっといて」

毒エサ注射器を手にし、作業開始。地味な仕事に思えたが、いざやってみると、妙にテンションが上がる。モデルガンを与えられた子供の気分といおうか。

ほーら死ね死ね、ゴキブリちゃーん。フ〜ンフ〜ン。

「コラコラ、もったいないよ。手当たり次第にクスリ使っても意味ないってぇ」

背後で、しかめっ面の社長が腕を組んでいた。曰く、この店は1年前にチャバネ（ゴキブリ）が大量発生した際、徹底的な駆除作業を

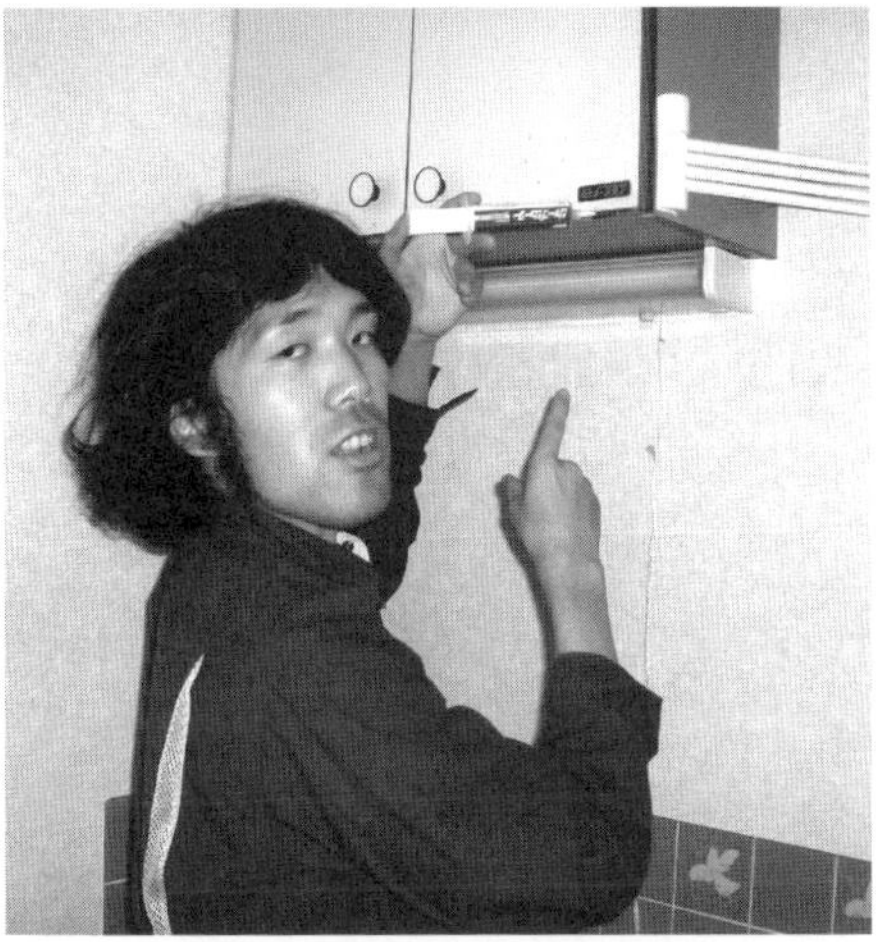

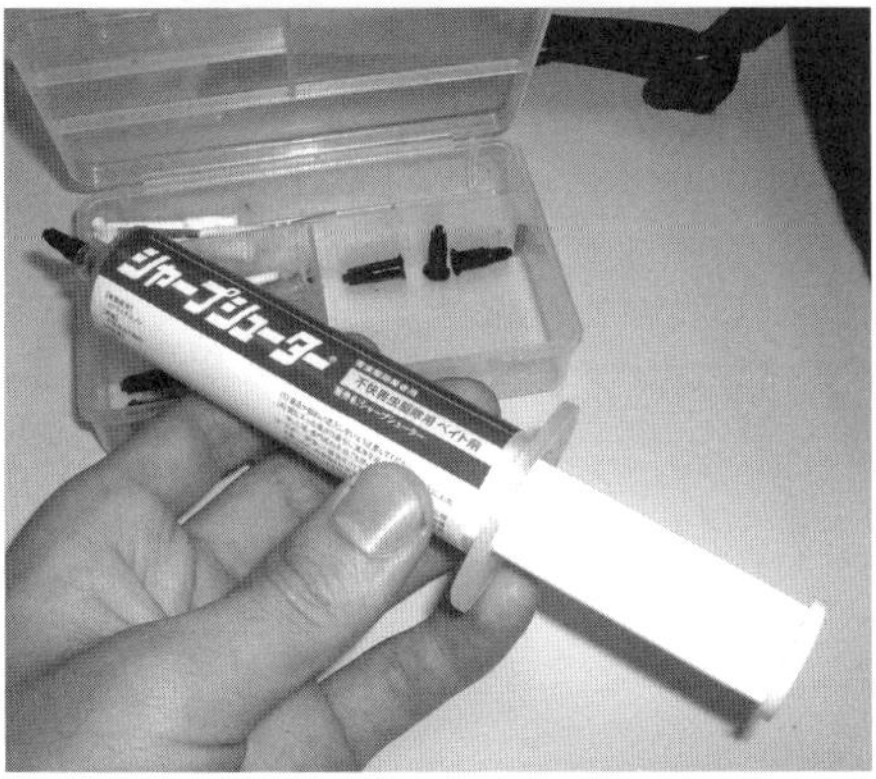

ゴキブリ退治は、あらゆるスキマに毒エサを塗りつけておくべし

施しており、現在は予防の意味合いが強い。蝶番《ちょうつがい》や木材のつなぎ目などに塗布すれば十分らしい。

エサまきが終われば、最後に小バエがわかないよう消毒液をスプレーして作業完了。仕事にかかったのはざっと1時間ってところか。夕方から今までで、ようやく1千500円稼いだ計算である。

「部長、この後はどっか別の現場があるんですよね？」

尋ねる私に、田中部長はポケットから予定表を出した。

「えっとねぇ、次は2時間後だから、いったん事務所に帰ろうか」

げげぇ、いまから2時間も無給で拘束？　あり得ねぇー。

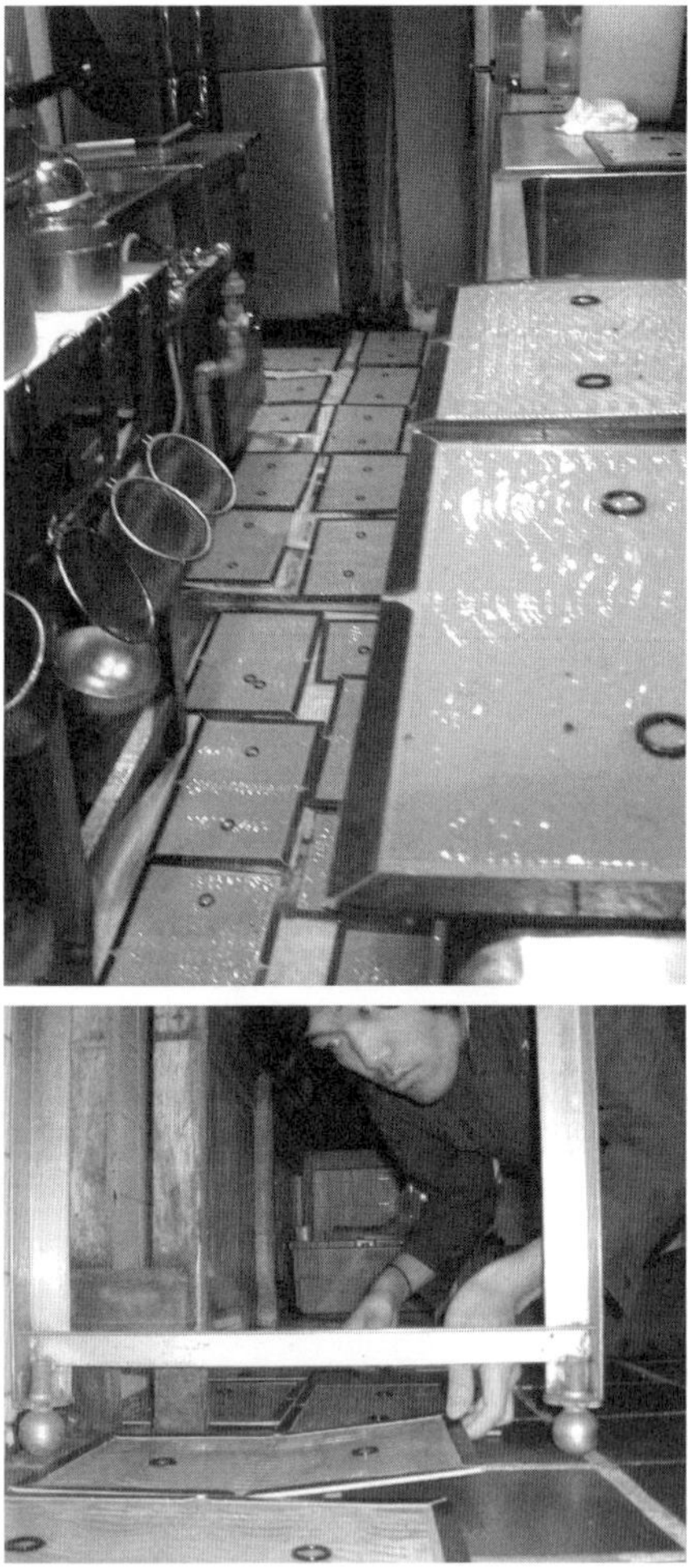

粘着マットのじゅうたん爆撃。これだけ敷き詰めても、成果無しの場合も

ネズミは毒殺せず粘着マットで捕獲

次なる現場は事務所からほど近い中華料理店だった。単独で別の現場へ向かう社長と別れ、私と部長のみでネズミ用の施行をする。

「どうなってんの？　相変わらずネズミが出て困ってんだけど。ちゃんと対策してんの？」

閉店まもない店内。仏頂面の店長さんが部長に近寄ってきた。察するに、この現場、何度施行しても、一向にネズミの被害が止まないようだ。

「やってはいるんですけど、なかなか…」

「もう、ホント頼むよ！」

「はい」

小言を言いながら、ぷいと帰宅する店長。ま、カネ払って、効果がないんじゃ怒られて当然なのだが、部長の説明を聞くうちに、ネズミの駆除がいかに難しいかもわかってきた。

最大の理由は、ゴキブリのように、簡単に毒殺できない点だ。確かに毒エサをまけば、一時的な効果はある。が、その後、ネズミの死骸が至るところで腐敗し、悪臭を放つわ、ノミ、ダニ、ウジが湧くわで、さらに状況が悪化してしまうのだ。

ために、対策としては、ネズミの進入口を鉄板やパテですべてふさぎ、毎月、捕獲用の粘着マットを取り替えるという、消極的な方法しかない。特に飲食店など、エサが豊富にある場所ともなると、ネズミの増殖率が駆除率を上回ってしまうのだそうだ。

「衛生管理のしっかりした店でさえそうなのに、ここ見てみろよ。食べ物のカスは散らかってるし、調味料のフタも開けっ放し。店をキレイにする気もないくせに、『またネズミが出た』って苦情ばっか言ってくんだよ。タマんねーよ、こっちは」

部長のエンドレスな愚痴を聞き流しつつ、私は粘着マットを敷き詰めていった。厨房の奥から客席まで、足の踏み場もないほどビッチリ。大学ノート大のマットを、しめて200枚は使ったろうか。爽快な光景である。

体長20センチのクマネズミがキーキー！

この後、別の和食料理店で再びネズミマットを設置し、事務所に戻ったのは深夜2時過ぎ。特に重労働じゃないが、疲労感は相当である。さーて、バイクで帰るとすっか。

「事務所に泊まってけば？」

ヘルメットを被る私を部長が呼び止めた。へ、泊まり？

「今日設置したマット、朝6時には回収しなきゃいけないんだよ」

「そんな早朝にですか？」

「うん。ランチやってる飲食店だと朝から従業員が仕込みに来ちゃうからさ」

「はぁ」

「オレも泊まるし、缶ビールでも飲んで寝るか」

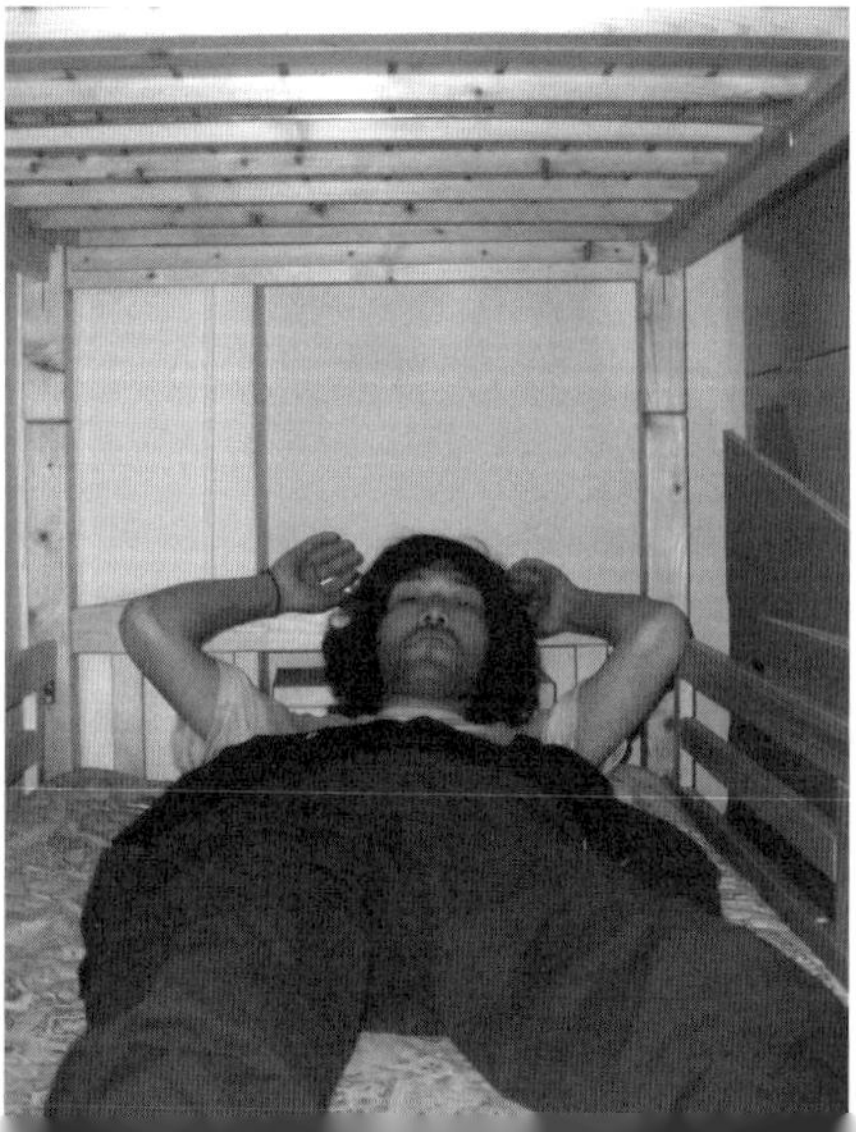

夜間作業が頻繁なため、事務所には2段ベッドが完備

う、まさか初日から泊まり勤務になろうとは。

30分後、私はすっかり赤ら顔になった部長の昔話に耳を傾けていた。

「和田ちゃんもわざわざウチに来るなんて変わってるけど、オレも、まさか害虫駆除をやるなんて夢にも思ってなかったんだよな」

かつて、部長はとある一流企業を退職後、貯金をつぎ込み、夢だった喫茶店を始めた。が、商売は軌道に乗らず、わずか1年で店じまい。仕事はないが、家族は食わせねばならない。その葛藤の最中に、今の社長から誘われ入社を決めたそうだ。

「ホント、人生なんてわかんないもんだな」

よくある話なのかもしれない。が、私は1人の熱い男の生き様にえらく感動させられてしまった。部長、カッコいいっす。

翌朝、眠い目をこすりこすり例の中華料理店へ向かう。入り口のドアを開け、そっと厨房に入ると…いたぁ！体長約20センチのクマネズミが1匹、キーキーもがいてる。わっちゃ、グロいぜ。

「和田ちゃん、その粘着マット、折り曲げたまま持ってきて」

「え…ええっ!?　いや無理無理、オレできませんって」

「大丈夫だから」

仕方なく、マットを折り曲げ、ひょいと摘み上げる。中でガタガタ暴れ回るネズミ。この弾力、キモすぎ!!

半泣きでマットを差し出すと、部長は何喰わぬ顔で新聞紙にくるみ、そのままポリ袋に放り込んだ。で、次の瞬間、私は見てはイケナイものを見てしまう。

なんと部長、生きたネズミ入りのポリ袋を、外の一般ゴミ捨て場に投げ捨てたのだ。あ、あのぉ、さすがにそれはマズイんじゃ…。

「内緒だぞ。大半の同業者もこうやって処理してんだから」

コンビニのゴミ箱に突っ込んできてよ

いったん自宅に戻り、夜11時に再び事務所へ。今度は、こぢんまりとしたパン屋だ。何でも、ここは数ある顧客の中でも最強のネズミ屋敷らしい。

本当だった。店内に入るや、ボテっと太ったのが2匹、呑気に床を走り回っている。いや、よく目を凝らせば、天井の配管近くにもう2匹、パンの製造器付近にも3匹、こちらの様子を伺っている。

部長がニヤッと笑った。

「和田ちゃん。この現場乗り越えたらもう怖いもんなしだから」

とりあえず、我が物顔のネズミをホウキで追い払った後、例のごとく、大量のマットを店中にセット。明日はパン屋の定休日のため、夕方までたっぷり時間をおいて、回収に取りかかることとなった。

そして翌日。店内はさながらネズミ地獄の様相を呈していた。

店のトビラを開けると、方々で、耳障りな悲鳴が聞こえてくる。床や棚はもちろん、パン焼き窯の周辺、調理台のスキマなど、ありとあらゆるところに、灰色の物体がガタガタうごめいているのだ。

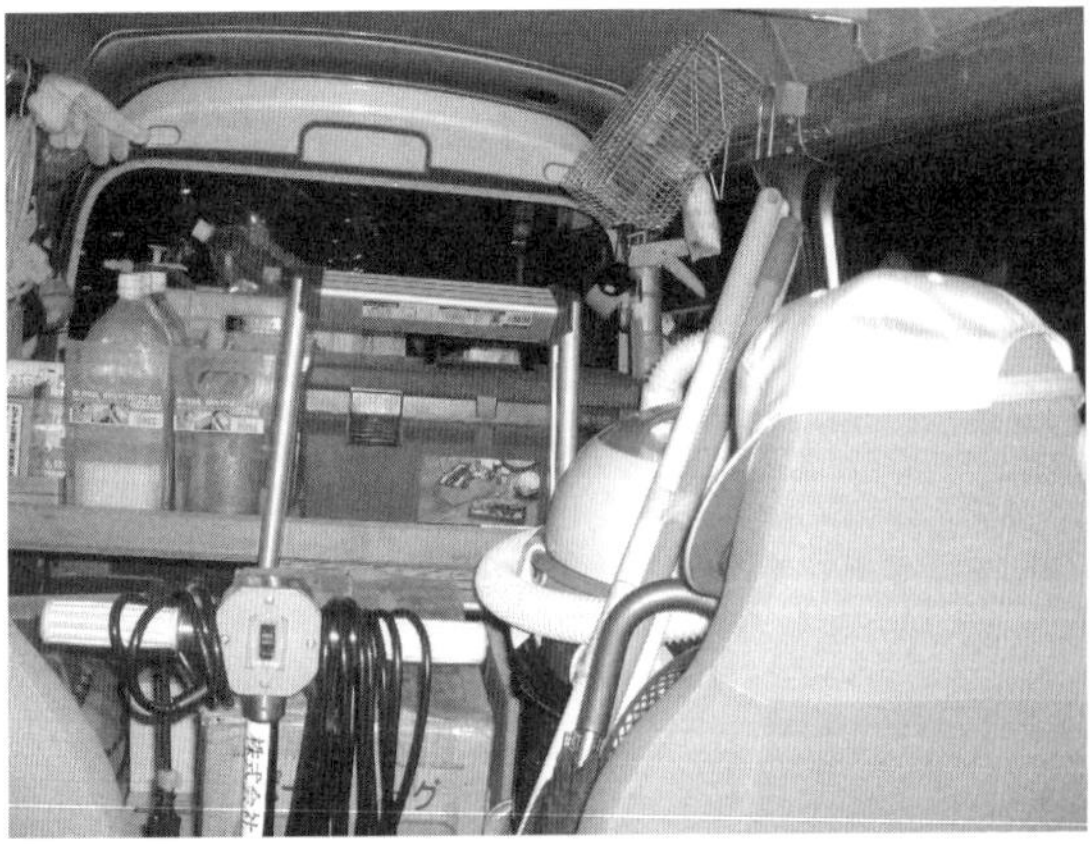

現場の移動は専用の軽ワゴンで。害虫退治のあらゆる道具が積み込まれている

それも昨日見たクマネズミだけではない。大型のドブネズミまでチラホラ罠にかかっており、その数、ざっと18匹。生まれてこの方、これだけ大量のネズミは見たことがない。想像以上の戦果に、部長も興奮気味だ。

「このパン屋さ、近所じゃ結構評判良くて流行ってんだよ。お客がこの光景みたらどう思うかなぁ。潰れちまうんじゃないか」

が、それより私としては、この後の処理が気になってしかたない。やっぱ、昨日同様、その辺にポイっとやっちゃうんだろうか。

やっちゃうらしい。部長さん、上機嫌で、ネズミをミカン箱に詰め込んでいる。

「でも部長、その箱そのまま外に置いたらバレません？　鳴き声がメチャメチャ聞こえますよ」

「そうだねぇ…。あ、向こうにコンビニあるじゃん。和田ちゃん、ちょっと行ってきて」

「え？」

「だからこの箱、コンビニのゴミ入れに突っ込んできてよ」

「え、オレがやるんですか!?　部長がやってくださいよ」

「ダメだよ嫌がっちゃ。これも害虫駆除の立派な仕事なんだから」

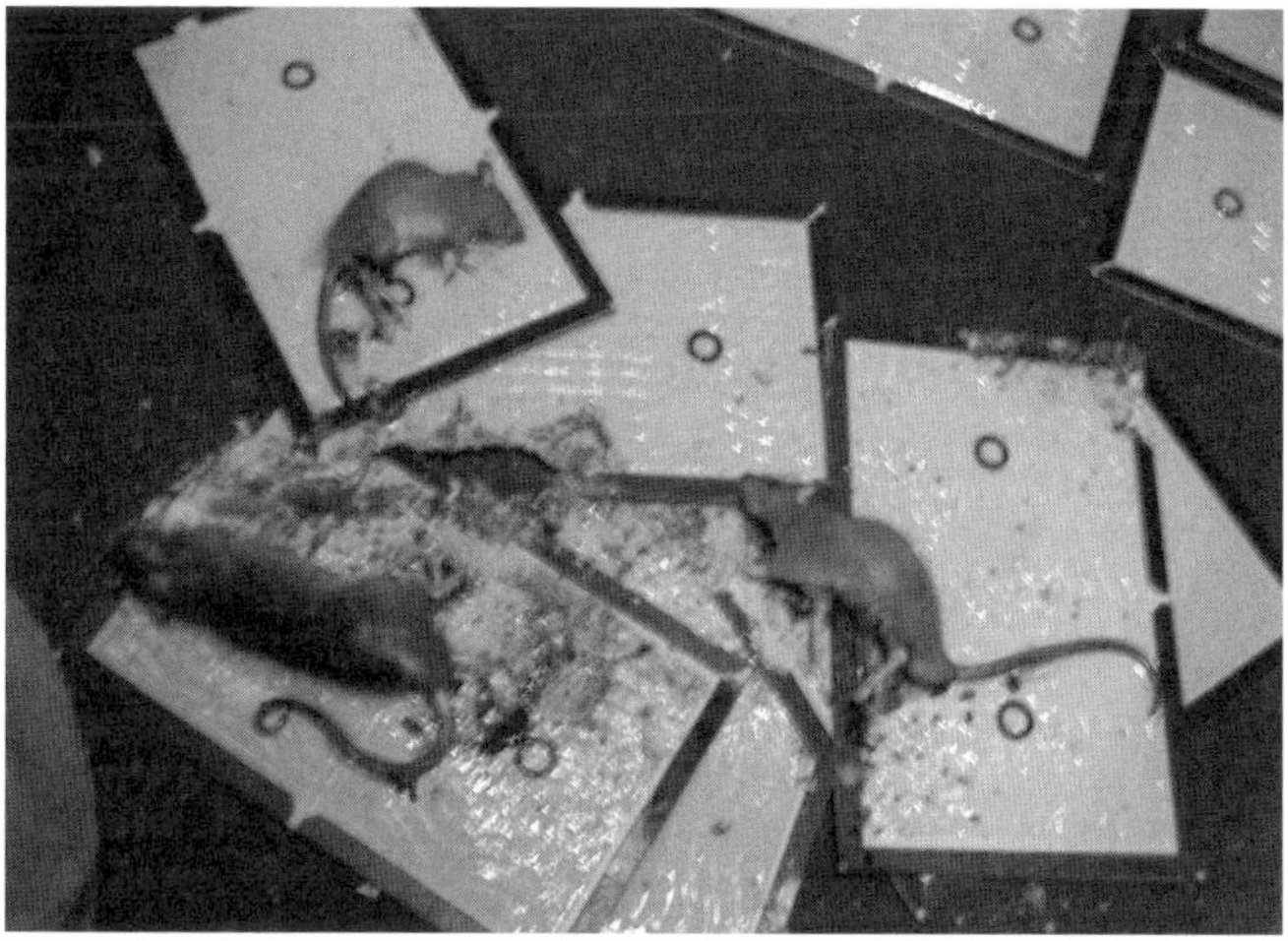

パン屋で捕獲したネズミども。気色わるいっす！

「……」

さすがに躊躇《ちゅうちょ》した。なんせ相手はほ乳類である。忌々しいゴキブリならいざ知らず、見ようによってはハムスターと変わらぬ生き物を18匹も捨てるなんて。

1分後、キーキーけたたましい箱をゴミ入れの奥深くに押し込み、私は車に飛び乗った。コインロッカーに赤ん坊を捨てる母親の気持ちが少しだけわかった気がした。

6日間働いてたった2万6千円

しかし人間、何事も慣れである。毎日のようにネズミを捨てているうち、良心の呵責《かしゃく》はきれいさっぱりなくなった。どころか、自分がここぞと思う場所に粘着マットをしかけ、翌日、そこにまんまとかかっていれば、自然にガッツポーズが出てしまう。気がつくと私は、害虫駆除という仕事に対し、いままでにないやりがいを感じていた。

ここには、暴力を振るう先輩もいなければ、ノルマもなく、激務にぶっ倒れることもない。何より、社長や部長がことあるごとに、私のやる気を盛り立ててくれるのがうれしかった。

「害虫駆除の需要はなくならないんだよ」

「他の職人仕事よりも短期間で専門家になれる」

「いずれ1本立ちしたら、和田ちゃん家の近くの現場そっくりあげるよ。だから、いまは一生懸命頑張るんだぞ」

むふふ、独立か。この際、しんどいライター稼業や、客のちっとも入らん劇団なんざうっちゃって、立派な害虫駆除職人を目指すのも悪くないかもしれんのう。

だが入社6日目、初の給料日。社長から手渡された明細書を見て、私の心は一気に醒める。

『支払額　2万6千円（交通費込み）』

や、安ぅ!!　6日間フルに働いてこんなんじゃ、生活できねぇっつーの。

「…和田ちゃん、大丈夫？　あのさ、前も言ったけど、ウチは実働時間しかカウントしないし、これでもちょっとは色つけた方なんだけどさ」

「はあ。どうも、ありがとうございます…」

今にして思えば、このとき、よほど私の顔色が青ざめていたのだろう。翌日から、社長&部長から代わる代わる、キャバクラやスナックへ誘われるようになった。もちろん、毎回オゴリで。コレ、口にこそ出さないが、私を辞めさせまいとする引き留め工作だったに違いない。

むろん、それでも退職の意志は変わらなかった。9日目、現場から戻った私は意を決し、社長の前にかしこまった。

部長さん、お世話になりました

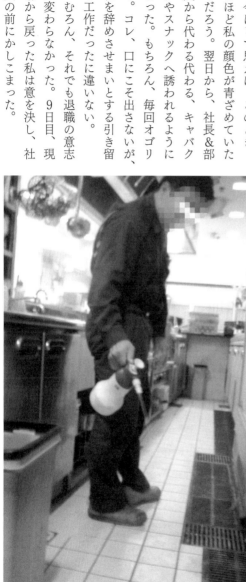

「あのう、実は……」

「和田ちゃん、辞めたいの？」

「え、はあ、まあ」

「考え直してくれないかな？　今キミがいなくなると、本当に困るんだよ」

「……すんません」

気まずい雰囲気に耐えつつ、ひたすら謝り続けていると、やがて社長は「仕方ないな」と言い残し、ゆっくりときびすを返した。

害虫駆除の仕事はあまりにカネにならない。16時間近い拘束でも、実働3時間なんて日も珍しくなく、割に合わぬことおびただしい。部長によれば、たとえ正社員になろうとも、月の手取りは17万がせいぜいという。

最後に、この場を借りて、部長にお礼を申し上げたい。餞別にいただいた毒エサ、ありがとうございます。自宅アパートのゴキブリはめでたく壊滅、今は枕を高くして眠っております。

引っ越しスタッフ

求人情報源
折込広告

バイト期間
4日間

待遇
日給9000円〜

怒鳴られまくって体重5キロ減

きついお仕事6

元来、肉の付きやすい体なのか、食って呑んですれば、すぐに太ってしまう。20代前半にしてブヨブヨの腹。いかんいかん、それは絶対にいかん。

ここは、ダイエットに効きそうな肉体バイトで汗を流し…と、求人誌をめくるまでもなく、自宅ポストに格好の仕事が舞い込んできた。

【スタッフ募集！　業界トップクラスの高収入・厚待遇】

引っ越し業者の求人チラシである。ふむ、いいんじゃね？　高収入だし、痩せられそうだし、かなりいいんじゃね？

先輩だからって態度デカすぎないか？

『すみません。スタッフ募集のチラシを見たんですけど』

『あーはいはい。ウチはねぇ…』

用件を伝えるなり、電話の男は、間の抜けた声で仕事の説明を始めた。労働時間は原則7時から18時の11時間(休憩1時間)。日給9千円で、残業した場合は、1時間につき888円が支給される。前日までに電話で仕事の予約を入れればいいらしい。ふむ、高収入ってほどじゃないな。

『じゃ明日、朝6時45分に事務所まで来てよ』

『…あのう、そんな早い時間に面接があるんですか？』

『違う違う。ウチは面接なんかやらないから。すぐに現場へ出てもらうことになっているの』

え、確かチラシには【研修を済ませた安心のスタッフ】って謳い文句があったハズだけど。

『ウソじゃないよ。現場に入ることがすなわち、一番の研修になるワケだからさ』

…なんだかいい加減な会社だのう。ま、俺的にはその方がありがたいんだけどさ。

翌日、強烈な眠気をこらえ出社。住所氏名その他を登録書類に記入し、作業着姿で社長の長ったらしい朝礼を聞いた後、すぐに仕事は始まった。

「おい和田ぁ、和田はいるか？」

他のスタッフたちに混じり、ゾロゾロ社内の廊下を歩く私に、後ろから声がかかった。

「あ、はい。僕です」

声の主は、ロン毛のニーチャンだった。いかつい体格で、やたら目つきが険しい。

「ふーん、オマエが和田かぁ。今日は俺とチーム組むからよ、一緒についてこい」

なんなんだ、コイツは。先輩だからってちょっと態度がデカすぎないか。歳だって私とさほど変わらんだろうに。

小声で文句を垂れつつ、2トントラックの助手席へ。ロン毛の運転で一路、杉並区を目指す。本日は、マンションから新築一戸建への引っ越しらしい。依頼主は相当リッチな方に違いない。

バカ野郎てめえ、マジ、殺すぞ！

目的のマンション前には、同じ会社のスタッフが2人待っていた。

作業は私を含む計4人で行うらしく、彼らは別のトラックで先に到着していたようだ。ホッ、ロン毛と2人きりじゃなかったんだな。

「新人の和田です。どうぞよろしくお願いします！」

生意気なロン毛といざ2トントラックへ！

今後の展開、はなはだ不安です…

「あぁ？　声でけーよオマエ」

「え…すいません」

ベテランの番場さん、いかつい顔が『北斗の拳』のラオウにソックリな細川さん。どうやらこのご両人も、いい人とはほど遠いみたいだ。わかったわかった。楽しく仕事をやろうなんて甘い考えは捨てちまえばいいんだろ。まったくもって最悪の職場環境。しかし、作業自体はいたってシンプルだった。

それぞれ役割分担が決まっており、ラオウ・番場コンビは、梱包作業をやりつつ、荷物を玄関口の台車まで運ぶ。それを押してトラックへ移送するのが私の仕事で、ロン毛は届いたブツをトラックの荷台へドンドン積み上げていく。

客の部屋は4階なので、いちいちエレベーターを使うのが実に面倒臭いが、カラダ的には屁でもない。

「おい、さっきからナニ油売ってんだ、おうコラおう！」

エレベータの待機中、突然、ラオウ細川が鬼の形相で詰め寄ってきた。え、ナニってだからエレベータを…。

「堂々と座ってんじゃねーよ、おうコラ。手空いてるんならこっちの荷物、さっさと運んでいけ、おうコラぼけ！」

脇の階段に腰かけてたんだから、サボっていたと誤解されるのは仕方ない。けどその言い草はどうなのよ。バカヤ…、

「ナンだよ、その反抗的な目は。おうコラおう」

「いえ、ナンでもありません。申し訳ございませんでした！」

先輩たちの新人イビリはその後も休むことなく続いた。動きが遅いと言っては怒鳴られ、段ボールの積み方が雑だと言ってはミソクソになじられ。そしてトドメは、またもラオウだ。

私の押す台車がゴルフバッグに接触、クラブが床に散乱するや、私はえり首を掴まれた。

「バカ野郎てめぇ、頭悪すぎだっつーの。マジ、殺すぞ！」

眉間にシワを寄せ、これでもかというくらい顔を近づけてくるラオウ。なんで？　そんなに俺が憎いのか？

勘弁してよぉ…。

「おうコラ」

「はい」

「今度ダラダラやったら、マジでぶっ飛ばすから、おう」

「…はい、あの、すいません」

荷物はすべて台車に乗せ、運搬。かなりラクっす

もはや反発心など微塵もない。「怒られたくないよぅ」「早く帰りたいよぅ」とビクつく、イジメられっ子の気分である。嗚呼！

引っ越しの醍醐味を味わわせてやる

トラックへの積み込みは3時間ほどで終わった。いったん近くのファミレスで早めの昼メシをかっ食らい、引っ越し先の戸建てに移動。すぐに荷物の搬入に取りかかる。目の回る忙しさだ。

まずは、家具の運搬中、家の中を傷つけぬよう養生シートを貼り付ける。むろん作業は全員で行うのだが、鬼の先輩3人衆の手さばきがあまりに見事で、私の出る幕はない。

養生が済めば、搬入。搬出の時とは逆に、荷物はトラックの荷台にいるロン毛から、私、ラオウ、番場さんと順にバケツリレー方式で運び入れる。ただし、スロープのあるマンションとは違い、戸建ての場合は段差がいたるところにあるため、台車は使えない。つまり、自分の手で持ち運ばなければならないのだ。

軍手をはめつつ、ロン毛が意地悪そうな顔で笑った。

「午前中は台車を押しただけだから、引っ越しって実感が湧かなかったろ？　安心しろ。これからたっぷり味わわせてやるよ」

そのことばにウソはなかった。なんせ、段ボールは一度に2つ以上持つよう言われ、運び終えれば、ダッシュでトラックまで戻る。開始10分で、私の体は早くも悲鳴を上げ始めた。腕ダリーよ、握力ネーよ、腰イテーよ！

もっとも、泣き言など口にするだけムダ。少しでもモタつけば、お決まりの罵声がバンバン飛んでくる。

「バッカ野郎。ただでさえ足手まといなんだから、死ぬ気でやれよ。手抜いたら殺すぞ」

「は、はい、全力でやってます」

ふと、視界の隅に依頼主のご主人の姿が映った。眉をひそめ、チラチラと私たちのことを見ている。

当然だよな。こうどいつもこいつも喚《わめ》きちらしてちゃ、誰だって引くって。お茶を出してくれた奥さん、手が震えているもの。

傷が付きやすい玄関口は、養生シートが必須。
壊した場合は当然、業者の責任に

午後3時半、搬入終了。仕上げに床のゴミをホウキで掃き、クッション用の毛布をたたんで、ようやく作業完了。いやぁーこんな生き地獄、初めてだよ。今晩はサウナで冷たいビールでも飲んでとっとと寝ちまおう。

「おい、和田」

ロン毛が、ジーッとこちらを見ている。

「言っとくけどまだ帰れないぞ」

「…え?」

「え、じゃねーよバカ。まだ1件、現場が残ってんだぞ」

依頼主は若い女。ガゼン、体に元気が

20分後、暗鬱《あんうつ》な気分のまま、私はトラックの車窓を眺めていた。次の目的地は世田谷にある4階建てマンションの最上階。依頼主はここからはるばる神奈川県の藤沢市に引っ越すらしい。車で往復するだけでたっぷり3時間かかるじゃんよ、はぁ〜。

しかも事前の情報によればそのマンション、エレベーターが無く、搬出は手下ろしらしい。すでに乳酸出まくりの筋肉痛ボディが、そんなハードワークに耐えられるとはとても思えない。

ただ、唯一救いがあるとすれば、ラオウとロン毛が別の現場担当となり、この場にいないことだ。3人の中では一番マトモ

トラックに乗って次の現場へ。まだ帰れませせぬ…

な番場さん（決して優しくはない）と2人きりでの出動である。

歳のころ40半ば、職人気質な番場さんは口数が少ない。現場に到着した際もただ一言、

「次んところは1人暮らしのワンルームだからな、集中して早く終わらせようぜ」

仕事の流れは先の現場とまったく同じで、番場さんが梱包作業を受け持ち、私がトラックの荷台に運ぶというパターンだった。

目指す部屋に入ると、中にオンナが立っていた。女優の麻生久美子にそっくりの美人だ。彼女が引っ越しの依頼主で、まだOL1年生だという。

「あの、アタシも手伝いますんでよろしくお願いしまーす」

それにしても、見栄のパワーは素晴らしい。先ほどまでの疲労感はどこへやら、ガゼン、体中に元気がみなぎってきた。うっしゃ、やったるぞ！

持てるだけの段ボールを抱え、4階からトラックまでダッシュ。そして再び最上階まで駆け上がり、荷物を受け取る。下りて上ってまた下りて。私は馬車馬のように駆けずり回った。午前中、死ぬほどシゴかれたせいか、格段に手際もよくなっている。

引っ越し先のアパートでも、作業は順調に進み、結局、午後9時きっかりに終わった。

「お疲れ様でした〜」

玄関先でへたれ込む私に、久美子似がコンビニの袋を差し出した。中身は肉まんとコーラだった。

「はい、コレ食べて元気つけてください」

「え…ありがとう！」

思わず、涙が出そうになった。優しいねぇ、キミ…。

間もなく、番場さんがトラックのエンジンをふかしてやってきた。右手には食べかけの肉まんがしっかり握られている。

「和田、今日はもうクタクタだろ。帰りはぐっすり寝てきな」

アンタもさぁ、そういう優しいセリフはもっと早く言おうよ。

作業終了後、5千円の祝儀が

それから3日間は、何もせず、自宅で静養に務めた。日常生活がままならぬほどの筋肉痛に襲われたのだ。

正直、気も重かった。あんなチンピラぞろいの職場に、誰がスキ好んで行きたがるというのか。『裏モノ』の仕事でなかったらとっくにオサラバである。

しかし翌日、意を決して出勤したところ、何とも拍子抜けな事態が起きる。その日の現場は、川崎市の大型マンションだったのだが、一緒になった先輩2人が実に気さくなのだ。

「昔、風俗嬢の家に仕事で行ったんだよ。したら妙に仲良くなってさ、いまセフレになっちゃってるんだよねー」

「デビ夫人の家ってスゲーんだよ。一つ1千万以上のツボとか絵画がゴロゴロ転がってんの。どれかパクってくりゃよかったたな」

移動中はずっとこんな調子で、和やかなことこの上ない。いいよなぁ、無駄口って。やっぱ職場ってのはこうでなきゃ。

作業中も怒声や罵声が飛ぶことは一度もない。どころか丁寧に家具の運び方のコツを教えてくれ、休憩になればジュースまでおごってくれる。先日の悪夢がウソのようだ。

そして、さらにうれしいことが仕事終了後に起きた。

車庫でトラックの荷台を掃除していると、先輩の1人が私の名を呼んでいる。ハイ、何でしょー？

「はい、オマエのぶん」

手渡されたのは、1枚の5千円札紙幣だった。

「え、なんすかコレ」

「だいたい1千円ってのが多いんだけどな。今日のお客さん、なかなか気前のいい人でさ」

ご祝儀らしい。祝儀。ワオ！

オマエ、仕事をナメてねーか？

当然のように、私は翌日も仕事を入れた。今回も昨日と同じメンツである。

向かった先は、郊外の一軒家だ。家主はここを取り壊し、近くのマンションに移るらしい。てことは金持ちなのか？　ふふ、祝儀が楽しみやのう。裏DVDでも買うか。渋谷のヘルスでアヘアヘ悶えるのもアリだな。

だが、甘い夢とは裏腹に作業は実に難航する。ソートー古い家のため、家具を運び出すたび、煙幕のようなホコリが濛々《もうもう》と舞い上がり、ロクに呼吸もできない。てか、どの家具にも得体の知れない粘着物が

会社のコインロッカー。ブレブレで申し訳ないが、スタッフはここで作業着に着替え、現場に出動する。怖いお方ばかりでウンザリ

ベトベト付いてるし、ったく汚ねぇなぁ。

文句をたれつつ、ちんたら荷物を運んでいると、トラックの荷台で待機していた先輩が戻ってきた。

「もう全部積んだのか？」

「いや、まだまだ残ってます。なんかゴミみたいな荷物ばっかで触る気しなくて、はは…」

「テメェー！」

突然、みぞおちに重いパンチが飛んできた。

「んじゃいコラ！　ナメたこと抜かしてんじゃねーぞ、お？」

「げほげほっ」

「昨日から言おうと思ってたんだけどよ、オメー仕事ナメてねーか？　こっちだっていつまでも甘い顔してると思ったら大間違いだぞ、コラァ！」

「あ…いや…」

もはや頭の中は真っ白。どう対応していいかわからない。

「あの、あのあの…」

「うるせー、さっさと運べ！」

「は、はひーっ！」

こ、怖すぎる。やっぱここの連中、アブナイ人ばっかじゃん。

次の日も、散々な内容だった。コンビを組んだ歳下の先輩がコトあるごとに嫌みを言う。

「オマエさー、脳ミソあるの？　バカか？　バカなんだろ？　もう勘弁してくれよ、バカ」

いや、これくらいで済んでいればまだマシだった。夜9時。会社から別の現場へヘルプに行ってほしいと連絡を受け、渋々駆けつけたアパートに恐怖の魔王が待っていたのだ。

「和田ぁ、遅いじゃねーか。早く仕事にかかれ、おうコラおう」

ラオウ大先生。ううう、よりによってオマエが…。

この時点ですでに現場を2つやっつけていた私の体力は限界に達していた。だが、ラオウにそんな言い訳は通じない。

命じられるままタンスを担ぎ、洗濯機を持ち上げ、やがて段々と意識が遠のいていく中、私は固く心に誓った。二度と引っ越し屋なんぞやるものかと。

体重5キロ減の代償、あまりに高くついたようです。

運べど運べど仕事は終わらず

ゴミ収集業者

求人情報源
ハローワーク

バイト期間
3日間

待遇
日給9000円

汁気たっぷりの袋を抱えそら走れ！

きついお仕事7

夏が終わる頃、いつもそこはかとなく悲しい気持ちになるのは私だけではないだろう。根拠のない期待感とドキドキ感で満たされたあの暑い季節が過ぎ去ろうというとき、人は誰しも一抹の寂しさを覚えるものだ。

…ふー、ゴミ収集に行ってまいります。

間違っても市民とのトラブルは御法度

新宿のハローワークでゴミ収集業者の検索をかけたところ、手ごろな案件をいくつか発見。その中からもっとも自宅に近いA社をチョイスし、その場で面接の予約を取り付けた。

翌日、バイクに飛び乗り、東京郊外へ。目指す事務所は、一軒家が建ち並ぶ、閑静な住宅街の中にひっそりと佇んでいた。

「あらあら、ずいぶんと若いんだねぇ。大丈夫かな」

待ちかまえていた面接官の社長が、いきなり素っ頓狂な声を上げた。まるで、キミみたいな小僧に、ちゃんと仕事が務まるのかとでも言いたげである。のっけから失礼なオッサンだなぁ。

「まだ25才なんですけど、やる気は人一倍ありますので、よろしくお願いします」

「え〜、本当かなぁ」

依然、疑いの目を向けたまま、社長は続ける。

仕事は、パッカー車（ゴミ収集車）に乗り込んでのゴミ回収で、対象地域は都内のX市一帯だ。朝7時半〜夕方4時半（休憩1時間）までの8時間労働。日給は9千円で、皆勤手当てやボーナスもある。休みは土日の2日間——。

「でね、この仕事は市からの委託事業だから、間違っても市民とのトラブルは御法度だよ。なんか、その、キミ、ちょっと向こう気が強そうだからさ」

「いや、とんでもないっす。私、争いごとは大嫌いですから」

「あ、そうなの？」

社長が初めて笑顔を見せた。どうやら、長髪にひげ面という外見から、私をトラブルメーカーか何かと疑っていたらしい。失礼な。

「誰かを殴ったなんてことになったら契約取り消しになって、会社潰れちゃうからね。まあ、でもキミがそう言うなら安心したよ」

説明は、ゴミの分別内容やパッカー車の操作にまで事細かく及び、2時間後にようやく終了。手渡した履歴書を机に仕舞い込んだところで、社長が立ち上がった。

「仕事は結構きついけど、さっそく明日から来られるかい？」

ほ、無事合格のようだ。

何してんの？ モタモタしてないで

翌朝7時過ぎ、支給の作業着に袖を通し、10台近くのパッカー車が並ぶ駐車場へ。

A社の社員はここで朝礼を済ませた後、持ち場に就くのが日課のようで、見渡せば、すでに50人ほどの男たちがガヤガヤと談笑している。大半は若々しい30代。顔つきも凛々《りり》しく、実に屈強そうな集団である。ゴミ収集に携わる人間には、なんとなく職にあぶれた中年のオッサンやよぼよぼのジーサンばかりというイメージがあったが、まるで正反対だ。

「和田くん。今日からこの彼と同じ車両で回ってください」

社長から川崎という男を紹介された。モデルと言っても通用しそうなバンドマン風のハンサムガイで、私の直属の先輩となるらしい。会釈すると、無表情に手を上げ、さっさとパッカー車に乗り込んでいく。け、無愛想なヤツ！

「川崎さんっておいくつですか？ もうこの仕事長いんですか？」

車が出発して10分。沈黙に耐えきれず、私はどうでもいい質問をぶつけた。

「32。2年くらい」

「へーそうなんすか。川崎さんって男前っすよね。けっこう女にモテるんじゃないんすか？」

「べつに」

「………」

ずっとこんな調子なんだろうか。社長によれば、今後1カ月はずっと彼の助手を務める予定らしいのだが…。はぁ〜、なんか気が重くなってきた。

間もなく、パッカー車は幹線道路を離れ、住宅地へ進入。

パッカー車に乗って、いざゴミ回収へ

仕事中は、ずっと走りっぱなし

1本の細い路地の前で川崎さんがブレーキを踏んだ。

「じゃ、始めるよ」

私の役目は、車を降り、徐行する車両の後ろからゴミをドンドン積み込んでいくこと。極めて単純に思えたが、トンでもなかった。

普通、どこの地域でもゴミは定められた集積所に持ち運んでいくものだが、A社が受け持つX市では、それぞれ民家の軒先に個別に出すという風変わりなシステムを採っている。そのため、業者は一軒一軒ゴミを回収しなければならず、実に非効率なのだ。

しかもゴミ袋の入った容器は、家庭によってポリバケツだったり、編みかごだったり、段ボールだったりと統一性ゼロ。置き場所も、門の前や玄関脇とバラバラなので、うっかりするとつい見落としてしまう。

さらに、ある程度のエリアを回り終えるまでは、ずっと車両を追っかけながら、ゴミを投げ入れていくので、その疲労たるや甚大。目の前のゴミを取ったら次はお隣、その次はお向かいさんと右往左往し、息つくヒマもない。ちなみに、外は30度を超す猛暑である。

各家庭のゴミは写真のように置かれており、
私物かゴミかの判断が難しい

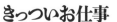

あまりの激務に、道端にへたり込むと、前方の車両がキッと停まった。ムッツリ顔の川崎さんが、運転席から飛び降り、自らゴミを回収し始める。

「…何してんの？　モタモタしないでくれよ」

ヤベ、地味〜に怒ってるよ。

得体の知れぬ物体が顔に飛び散る

午前10時過ぎ。作業を中断し、焼却場へ向かう。積載量が一杯になったので、いったん中身を捨てにいくのだ。

焼却場は車で10分ほどの距離にあった。そのまま敷地内のゴミ捨て場に向かい、収納タンクから大量のポリ袋を放出。積み上げられた袋からは、得体の知れぬ汁が垂れ、猛烈な悪臭が辺りに漂った。気がつけば、作業着からも同じ臭いがモワモワと。うわ、くっせー。

…そう言や、『北の国から』の純くんも同じ仕事してたっけ。デート前にありったけの香水を振りかける切ないシーンがあったけど、気持ちわかるわ、うん。

収納タンクが完全にカラになれば、担当地区へ戻って作業

焼却場には毎日100トン近くのゴミが集められる

再開だ。今度は、先ほど手つかずだった商店街周辺を攻めるらしい。

例によって車を降り、まず喫茶店の入り口付近に置かれたポリ袋を軽く持ち上げ…られなかった。な、何じゃこれ。重ーっ！

商店街にあるLサイズの袋は、どれもこれも汁気たっぷりの生ゴミが満タン。中にはゆうに30キロを超えるものも少なくなく、思いっきり抱え上げると、ヒザや腰がギンギン痛む。こりゃー、引っ越し業者の仕事と変わんねーぞ。

「あのぉ、今日1日ずっとこのペースなんですかね？」

「…てか、もっと急いでくんない？　キミがモタモタやってるせいで遅れ気味なんだけど」

え、ウソ。マジ？

マジだった。昼休み後、川崎さんは明らかに焦っていた。車を移動してはすぐに降り、自ら全速力でゴミを運びまくっている。私1人に任せていたら、間に合うモノも間に合わない。口にこそ出さないが、そんな態度がありありだ。

むろん、私も負けじと重いゴミを抱え、駆けずり回った。生ゴミの汁が体にかかろうが、タンクの積み込み回転盤から

得体の知れない物体が顔に飛び散ろうが、お構いなし。

ふと車内の鏡をのぞき込むと、自分の顔にスイカの種が2つ、ホクロのようにこびり付いていた。

帰り道で聞いた川崎さんの派手な過去

都合3度目のゴミ運びを終えたのは午後4時ちょっと前。焼却場の最終受け入れ時間ギリギリだったが、どうにか間に合った。ふう、これにて本日のお仕事終了である。

「これ食べな」

助手席でクーラーの風に当たっている私に、川崎さんがアイスを差し出した。え、俺にですか？

「疲れただろ。まあ初日にしちゃ、頑張った方じゃん」

アンタ、イイヤツじゃん。遠慮なくいただきまーす。

「しっかし、ゴミ回収ってかなりきついっすね。毎日こんな感じなんですか？」

「燃えるゴミの日は担当地域が広めだから」

最初とは打って変わって、素直に受け答えする川崎さん。ソートーな人見知りだったようだ。

「最初は大変だけど、慣れればわりと楽しいよ」

「そもそもなんでこの仕事に就くようになったんですか？」

「知りたい？」

「ええ」

帰り道で聞いた川崎さんの話は、なかなか派手な内容だった。

幼少の頃にボクシングを始め、そのセンスは、世界チャンピオンも夢じゃないと周囲から期待されるほどだったらしい。が、ほどなく目を傷め断念。以来、歯車は狂いだし、誘われるまま入った暴走族では、ケンカ三昧の日々を送っていたという。

そんな堕落寸前の彼に、一筋の光をもたらしたのがストリートダンスだった。もともと素質もあったのだろう。暴走族を辞め、本格的に取り組んでからはすぐにメキメキ頭角を表わし、一時はプロダンサーとして生計を立てるまでになった。数年後、プロから足を洗い、ゴミ回収の仕事に就こうと考えたのは、好きなことでメシを食っていくのがイヤになったからなんだとか。何だかもったいない話である。

「そんなことないよ。ダンスは今も趣味でやってるし、子供も俺の仕事が好きみたいだから」

川崎さんには、小4の息子さんがおり、現在は別れた元妻と一緒に暮らしているらしい。

「最近会ってないけど、元気にしてっかな」

いつしか車は、都心の大渋滞を抜け、無事会社に到着。クタクタの体で帰宅し、フロにも入らず布団に潜り込んだ。

ゴミレコードをこっそり懐に

翌朝、激しい筋肉痛が全身を襲った。特に足腰の状態が最悪で、歩くこともままならない。あー

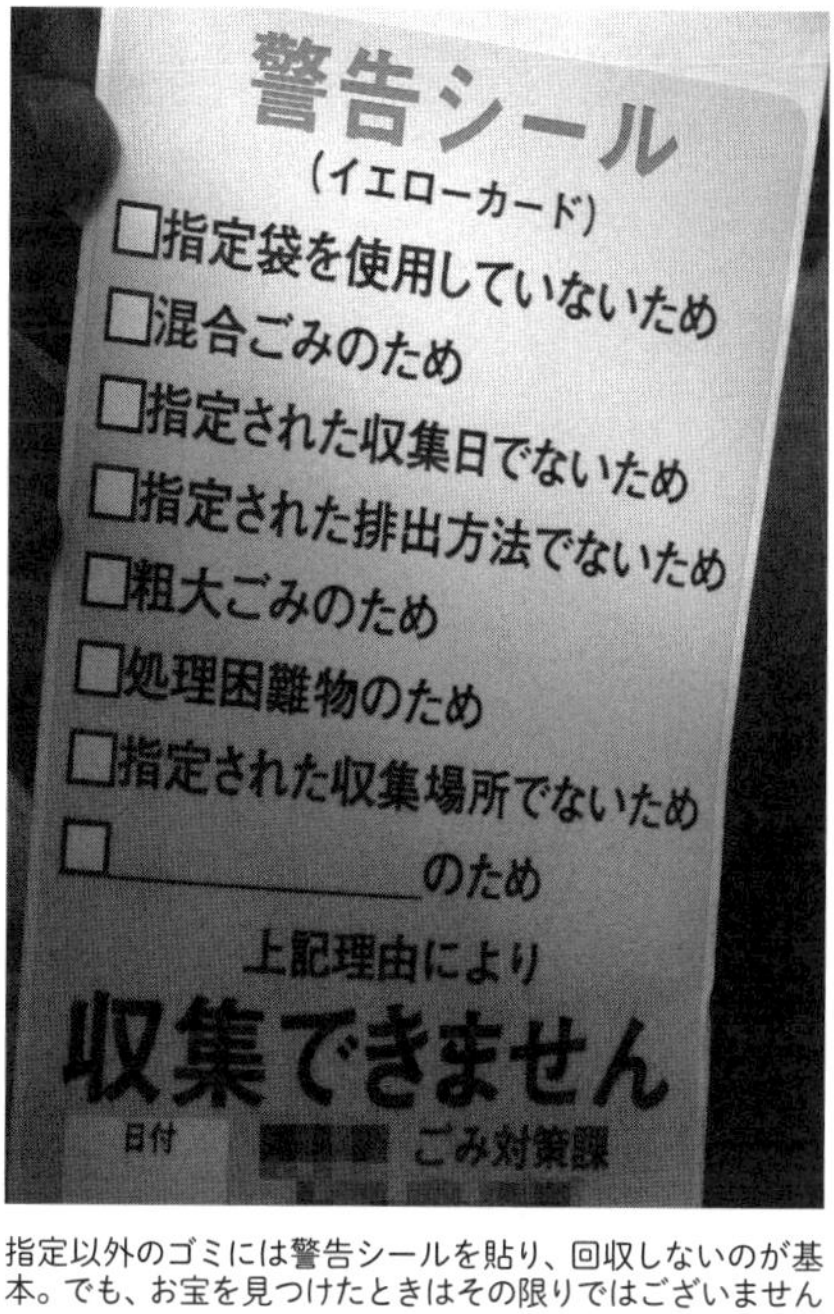

指定以外のゴミには警告シールを貼り、回収しないのが基本。でも、お宝を見つけたときはその限りではございません

あ、気が滅入るなぁ。

朝礼後、足を引きずり引きずり、川崎さんを探していると、後ろから聞き覚えのある声が飛んできた。

「和田くん、オハヨウ。今日は資源ゴミの回収に行くんだじょー」

昨日の無愛想な感じからアホキャラに変わっている。一瞬戸惑ったが、私に心を開いてくれたようでうれしい。

資源ゴミの日はパッカー車2台が一組になって、各担当地区を回ることになっている。我々は雑誌や新聞紙などの古紙を、残りの1台はダンボールを集めて回るらしい。

現場には、同行する2人がすでに待っていた。運転手の加藤さんと助手の三好さんだ。

「キミが和田くんか。今日はよろしくな」

作業は単純だ。各家庭の軒先から私が古紙を川崎車へ、三好さんは段ボールを加藤車へそれぞれ積み分けていくだけ。資源ゴミの日は、担当地域の範囲も狭いので、昨日のように大急ぎで取り組む必要もないと聞いている。

こりゃラクできるぞ、と安心していたら大間違いだった。三好さん、手際が良すぎるのだ。あっちゃこっちゃ元気に駆け回り、段ボールだけでなく、私が拾うべき古紙までドンドン抱え込んでいく。先輩が頑張っているだけに、私だけボケーッとはしてられん。ちぇ、結局今日も走らなきゃじゃんよ！

気温はまたも30度超。小一時間も作業を続ければ、汗が滝のように流れ出し、気が遠くなってくる。まるでサウナの中で動き回っているようだ。

「おーい和田くん、ちょっと」

20メートルほど前方を行く三好さんが、突然こちらを振り向いた。はい、何でしょう。

「いいモン見つけちゃったよ。どうコレ、持ってく？」

三好さんの指先には、ＬＰレコードが山のように積み上げられていた。ビートルズ、ストーンズなどの古いロックもあれば、ジェフミルズやカールコックスといったテクノミュージックの新しい盤も交じっている。

本来、こういうモノは燃えないゴミに該当し、指定日以外は引き取らず、そのままにしておくのがルール。が、漫画、書籍、ゲームソフトなどに限っては、作業員がこっそり持ち帰る場合が珍しくないという。ほほう。

三好さんから事情を聞いた私は、レコードの山からブツの状態が良い物だけを10枚ほど選んだ。むふ、あとでヤフオクで転売しよう。

デイパックに嬉々とレコードを放り込む私に、川崎さんが言う。

「ジャンプだろ、ヤンマガだろ、あ、それとマガジンな。今言ったやつの最新号は、捨てずに取っておいて」

なんだか、急にユルイ職場に思えてきました。

会社に苦情を入れるから名前を教えなさい！

台風が近づいているせいか、翌日は、朝から空がどんよりとした雨雲に覆われていた。天気予報の降水確率は80％である。

案の定、現場についた辺りから横殴りの雨が降り出した。慌てて会社支給のカッパに身を包み、作業を始めたものの、これがまた何ともやりづらい。濡れたカッパが手足にまとわりつき、思うように動けないのだ。

その上、口のユルいゴミ袋には水が浸透して重量がアップ。持ち運ぶのも一苦労といった有様である。いつの間にか下着もずぶ濡れで、気分は最悪だ。

だからだろう。1軒の家の玄関で、ゴミバケツを蹴飛ばしてしまった。と言っても、中のゴミ袋がどうにも取り出しにくく、ある意味、仕方のない行動だった。ただ運の悪いことに、その場面を家人のオバハンが見ていたらしい。

「ちょっとアンタ！　他人の家のものを足蹴にするなんてどういうことよ！」

「あ、すんません。急いでたもんでつい…」

バツが悪くなり、その場から逃げようとする私に、オバハンは執拗に怒鳴り散らす。

「待ちなさい！　アンタずいぶん失礼な人ね。謝るならもっと丁寧に謝りなさいよ。こっちは税金払ってるのよ！」

「…どうも、申し訳ございませんでした」

「ふん、これだからこの手の労働者ってのは…。まあいいわ、アンタの名前教えなさい。お宅の会社に苦情入れるから」

「いや、それはカンベンしてもらえませんか」

事態を察知した川崎さんがすぐ間に入ってくれたおかげで大事にこそ至らなかったが、内心、私のハラワタは煮え繰り返っていた。

オバハンの言い放ったセリフが、私に対してだけでなく、川崎さんたちゴミ収集業者全員に向けられた侮辱のように聞こえたからだ。ふざけんじゃねーよ、クソババ！

仕事が終わり、会社に戻ると、作業ズボンのポケットに忍ばせていたデジカメが雨水に侵され、壊れていた。

嗚呼。

今日も走りまくりです

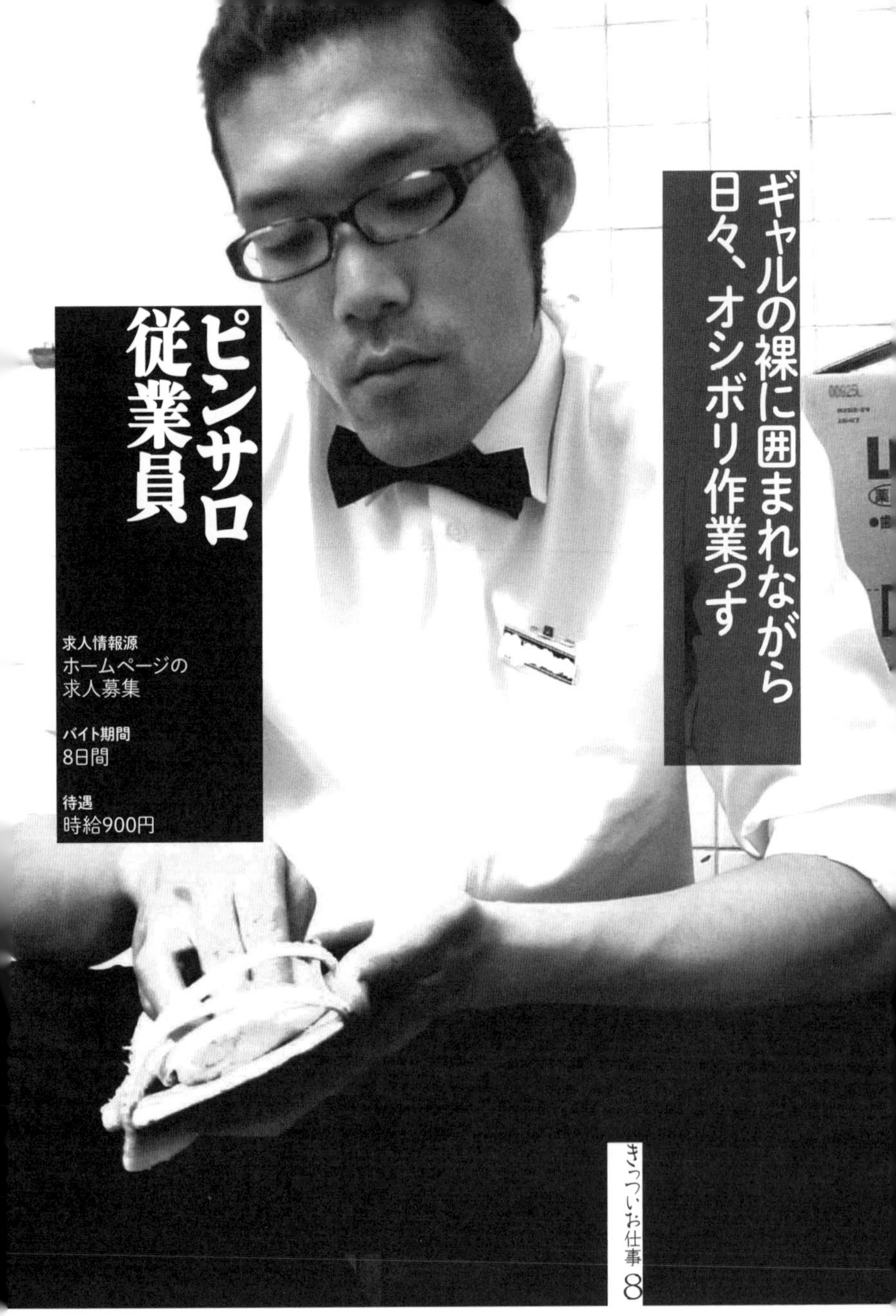

ピンサロ従業員

ギャルの裸に囲まれながら
日々、オシボリ作業っす

求人情報源
ホームページの
求人募集

バイト期間
8日間

待遇
時給900円

きついお仕事8

別に威張って言うことではないが、月に数回、私は東京・高円寺のピンサロで精子を放出している。ソープ、ヘルス、イメクラなど、いろんな風俗がある中、あえてピンサロを選ぶのは、安くてお手軽だからだ。彼女ナシ、万年ビンボー暮らしの若者にとって、これほど貴重な憩いの場はない。

だから何となく、以前からその仕事に関心を抱いていた。暗ーい店内にじっと佇み、客と女のコの交わりを眺め、ザーメンまみれのゴミ箱を延々と片付けるピンサロ従業員というお仕事。

嗚呼、なんたる場末感だろう。想像するだけで、精神的にも肉体的にもキッそーではないか。

キャストとはメアドも交換してはならない

ネットで各ピンサロのＨＰを片っ端から調べたところ、『チュパチュパ娘（仮名）』なる店が男性スタッフを募集してた。場所はＪＲ中央線某駅前で、自宅からも近い。ここにすっか。

電話で面接の予約を入れ、２時間後には店に。地下へ通じる階段には、在籍嬢の写真がズラリと貼ってあった。か、かわいいコばっかじゃん…。

「いらっしゃいませ」

突然、目の前の扉から金髪男が現れた。ワイシャツの両袖からタトゥーが覗いている。コワ。

「あの、面接にきた者ですが」

「あ、はいはい。お待ちしておりました。ご案内しますのでついてきてください」

金髪くんの丁寧な対応に拍子抜けしつつ、中へ。大音量のハウスミュージックが鳴り響き、天井のミラーボールがくるくると回っている様は、典型的なピンサロの光景だ。

フロアに視線をやれば、女のコがまさに接客中だった。暗くてハッキリとは見えないけど、うーん、やっぱ興奮しますなぁ。

案内された事務室には、これまたガングロ茶髪という私の苦手なタイプの男が待っていた。主任の有吉さん(25才)だ(不思議なことに、店長やオーナーの姿は私が在籍中一度も見かけなかった)。

「わざわざ履歴書持ってきたの? 別にいらなかったのに〜。で、明日から来れるの?」

ひと言もしゃべらず採用が決定した。軽い。軽すぎ。こんないい加減な面接は初めてだ。

「いいのいいの。他に応募者もいないしさ。あ、ただし、今から読み上げる注意事項だけはきっちり頭に叩き込んでおいて」

言いながら、有吉さんが机の上に1枚の書類を置いた。小さく【風紀に関する誓約書】と書かれている。なんだコレ。

「えーと一つ、キャスト(ピンサロ嬢)と電話番号及びメールアドレスの交換はしない。一つ、住まいや経歴などプライベートに関する一切を聞いてはならない。一つ、在職中、退職後を問わず、系列店を含め店に客として訪れてはならない。一つ…」

どれも似たような内容で、要は、女のコとの私的な交流はイカンということらしい。ま、当然っちゃ当然のことだけど、もし、自然の成り行きで私的なフェラチオを受けた場合はどうなんだろう。なんだかんだいっても、男と女なんだから。

「そんときは50万」

「え?」

「だから、いまの注意事項一つでも破ったら、罰金50万を払ってもらうから。わかったらここにサインして」

「…はい」

くぅー、残念！

肝心の条件は午後2時～深夜2時すぎの約12時間労働（日によって多少長引くことあり。40分の休憩がある）で、時給は900円。悪くはない。

黒ギャルちゃんのCカップ美乳が丸見え

翌日、午後2時15分前。控え室でワイシャツ・蝶ネクタイ姿に着替え、朝礼に赴いた。本日の出勤者は私を入れて4名。みなが揃ったところで有吉さんが声を張り上げる。

「昨日の売り上げを発表します。80万円で、ノルマ達成！」

パラパラと拍手が起きた。

「続いて、本日のキャスト面接希望者は1名！　来店したらキッチリ出迎えてください！」

「はい！」

朝礼は粛々と進んだ。軍隊式とでもいおうか、店員のダラしない風貌からはとても想像できない、ピリっとした緊張感が立ち込めている。

「では和田クン、自己紹介と初日の抱負をお願いします！」

お見せできぬのが残念なほど、在籍ギャルは美人揃い

は？　んなことまで言わなきゃなんないの？　えーっと…。

「今日から皆さんと一緒に働かせてもらう和田虫象です。初めてなのでわからないことだらけですが、足手まといにならぬよう頑張りたいです。よろしくお願いします」

「オイーッス」

お掃除も新人の大事なお仕事

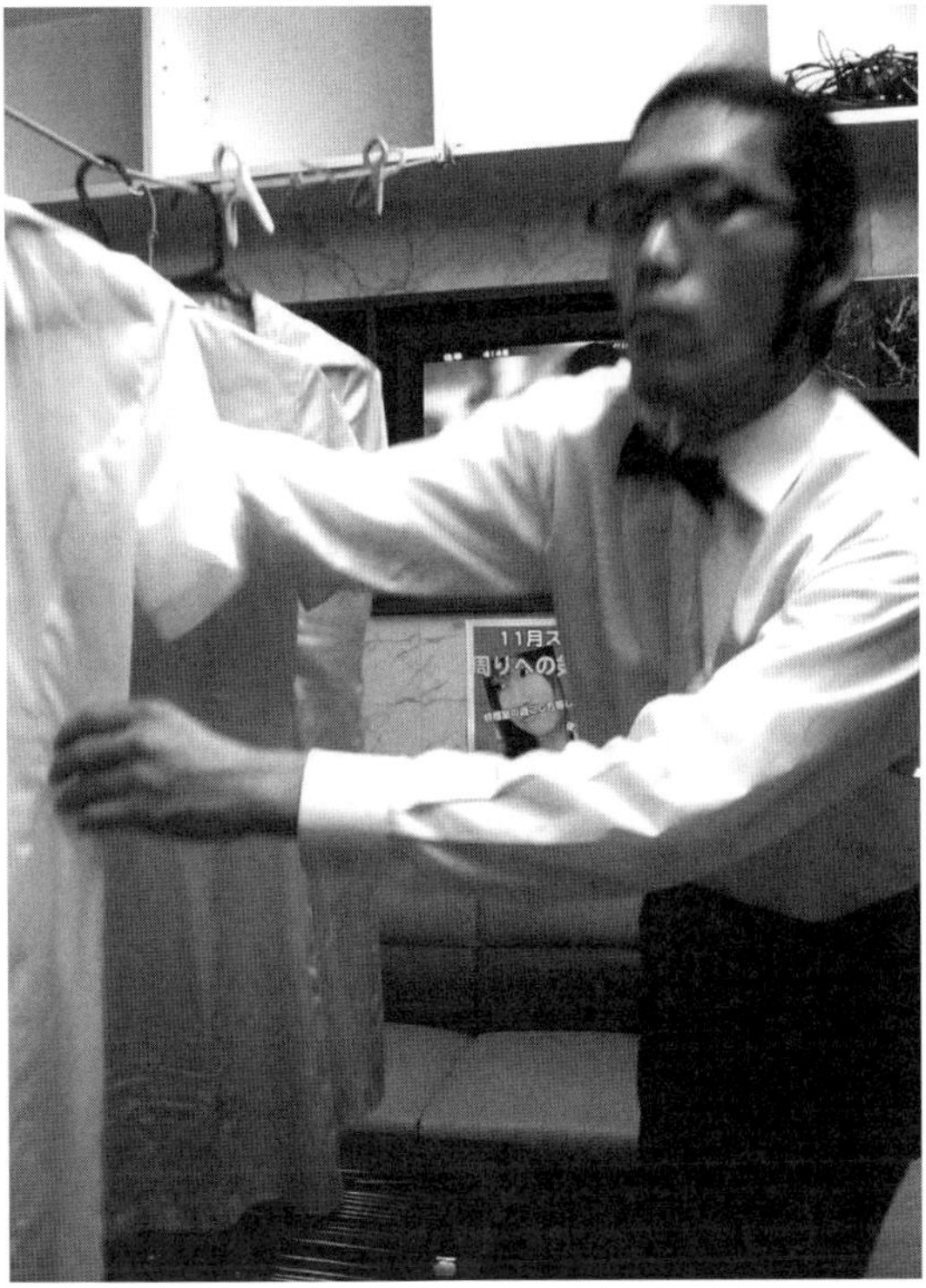

バックルームではキャストの生着替えが見放題っす

朝礼が終わり、有吉さんの指示で電飾看板を軒先にセットしていると、先輩店員の島田さん（23才）が近づいてきた。

「和田くんは今日から裏方に回ってくれる？」

「裏方、ですか？」

「そうそう、オシボリの洗濯とか、ドリンクやうがい薬の補充とか、要は雑務係のことだよ」

島田さんによれば、この店には他にも、入店時の客に料金説明や待ち時間を伝えるメンバーや、客をプレイ席まで案内し、ドリンクを運ぶホール、そして、受付でマイク放送や電話番を務めるリストといったポジションがあるらしい。もちろん、小さなピンサロなら1、2人のスタッフで何役もこなすのだが、店の規模が比較的大きい場合は、このような分業制が普通のようだ。

「おはようございまーす」

店のバックルームで、島田さんから洗濯機の使い方を教わっている最中、入り口の方から若い女性の声が聞こえてきた。ツカツカとバックルームに入ってくるキャストは…か、かわいい。オレ好みの黒ギャルじゃん！

「で、うがい薬とリステリンはこのポンプに入れるんだけど…って、ちょっと和田クン聞いてる？」

島田さんの注意も聞こえないほど、私は唖然とさせられていた。なんせ、いきなり黒ギャルちゃんがその場で店の制服（ナース風のミニスカワンピース）に着替え始めたのである。パンティ一丁、推定Cカップの美乳が丸見えだ。

その後も、キャストはかわるがわるバックルームを訪れ、恥ずかしがることなくトップレス姿を晒していった。ルックスは総じてハイレベル。おまけに意識せずとも、生チチにパンティというエロ姿が目に飛び込んでくるので、含み笑いが止まらない。端から見れば、確実にヘンタイである。

これから毎日こんなピンキーな光景が拝めるのか。いい仕事に就いたもんよのう。

黄ボリは客用で青ボリは女のコ用

オープンから1時間、徐々に店は活気づいていった。平日にもかかわらず、すでに客は5人も入っている。繁盛の理由は、35分6千円〜8千円という低料金もさることながら、やはりキャストの質の高さなんだろう。

客が気持ちよくチンポをしゃぶられている一方で、私はフロアの片隅でひたすらオシボリの洗濯作業に没頭していた。

ピンサロのオシボリには、客がお手拭に使う黄ボリ（チンポはウエットティッシュで拭く）と、女の子が接客後に体を拭く青ボリの2つがあり、それぞれ別の洗濯機が用意されている。

特に黄ボリは客1人に5枚以上使うため、在庫が一気に減少、頻繁に洗わなければならない。で、洗濯が終わればすぐそれらをロール状に巻き、次々とホットボックスに放り込んでいくのだが、この作業が、見た目以上にダルい。

黄ボリが大量にあるうえ、一つ一つ固くコンパクトに巻かなければならないので、手首がやたら疲れるのだ。

しかも、島田さんがことあるごとに様子を見に来て、顔をしかめるのだから気が抜けない。

黄ボリの手巻き作業、マジで面倒

黄ボリはホットボックスの中に

「遅い遅い〜。黄ボリはなくなるのが早いんだから、もっと急いで。1分間に最低10本のペースで巻かなきゃ」

作業が遅れ気味になるのは不慣れ以外にも理由がある。店内のBGMが次の曲に変わるわずかな時間に、「クチュクチュ」だの、「あぁーん、あはーん」だのと、いかがわしいノイズが洩れ聞こえてくるのだ。健全な若者が気にならないワケがなかろう。

ようやくオシボリ作業から解放されたのは、4時間後の休憩タイム。コンビニ弁当を持ってバックルームへ戻ると、ナースルックの黒ギャルちゃんが1人、ガニ股になって股間を拭いていた。

「お、お疲れさまっす」

先ほど書いたように、営業中、キャストと私語を交わすのは厳禁。しかし、声でもかけなきゃ気まずくて仕方ない。

「あ、どうもお疲れさまです。今日から入った方ですよね」

「はい、新人の和田です。よろしくお願いしまっす！」

「元気いいんですね。がんばってください」

淡い期待を抱いたものの、会話はそれっきり。黒ギャルちゃんは再び青ボリを股間にあてがい、ゴシゴシとやり出した。いやー、何度見てもスゲー光景だわ。

「ワシントンバック」は客がトイレから出るの意

翌日も、裏方を命ぜられた。オシボリ作業はイヤではないが、せっかくなら他のポジションも試してみたい。例えば、フロアを行ったり来たりして、客とキャストのプレイが見放題なホールとか。有吉さんに直訴してみよっか。

「無理だよ。新人は最低1カ月は裏方オンリーなんだから」

ガーン、1カ月も？　原稿の締め切りを考えたら、とてもそんな長居できねーよ…。

「とにかく今は、裏方やりながら他の仕事を覚えなきゃな」

一見、ただ単にフロアをうろついているように思えるホールも、キャストのサービスに手抜きがないか、客が乱暴を働いていないか、絶えず目を光らせている。それを見極める勘所は、下っ端の仕事をこなしながら養うしかないと有吉さんは言う。

「それより、早くマイク放送を聞き取れるようになりな」

ピンサロでは、ひっきりなしに業務連絡がマイク放送されているのはご存知の通り。その内容は、キャストやホールに向け、プレイ時間の終了や次の客を案内するための合図なのだが、何度聞いても意味がわからない。

『さぁさぁ、ワーシントンバックのおー客さまー、

オープン前の店内。テーブル数13は、都内のピンサロの中では比較的大きな部類に入る

4番テーブルにご案内〜』
こんなこと大声で言われても、チンプンカンプンである。とりあえずホールを務める島田さんに基本的な隠語の説明を受けたところ、
《ワシントンバック》↓客がトイレから出てくること
《リピート》↓本指名
《フラッシュ》↓場内指名
《スタンバイ》↓客が帰ること
しかし、なぜイチイチ隠語なのか。わかりにくいって。
「まあ、こればっかりは慣れだからさ。マイク放送があった後、ホールのオレが声を出すから、和田クンも後に続いてよ」
『はあ」
と、そのとき、8番テーブルのキャスト・フユミが席を立った。客をイカせたらしい。それを見た島田さんが受付の方を振り向き、口を開けた。
「さぁ8番テーブル、OK！」
私もそれに続き、「はい8番、OK〜」とがなるや、すかさず名調子の店内放送が入る。
『はーいフユミさーん、ぅおー疲れさまでしたぁーん。いいーわよぉ！』
さらに、応えて島田さんと私。
「いいわよぉ！」
仕事だから仕方ない。けど、こっ恥ずかしいことこの上ない。

ヘルプのサイン、見てなかっただろうが！

「和田クン。今お客さんも少ないしちょっとホールの練習やってみよっか」

相変わらずオシボリ作業に埋没していた出勤5日目の夕方、島田さんから願ってもない誘いを受けた。おお、やりたいっす。でも、新人のオレがいいんですかね？

「いいよいいよ。有吉さんまだ来てないし、店内放送もだいぶ聞き取れるようになったでしょ？」

「ええ、まあ」

とはいえ、いきなり1人切りってのはちと心許ない。最初は島田さんと交替で各テーブルの通路を回っていくことになった。

ホールの仕事は想像以上に刺激的だった。右を見ればデカ尻娘が小汚いおとっつあんのマラをシャブリ上げ、左を見れば清楚なお嬢様風が大学生のニーチャンに股を指でほじられている。圧巻。是が非でもこの淫らな様子を目に焼き付け、今宵のオカズといたそう。

肝心の仕事も、支障なくこなせたように思う。時折『はいはいアユさんリピート（アユの指名客）、2ぶぅわーんテーブルへご案内！』など放送が入っても、落ち着いて客を誘導。続いて女の子をテーブルまでエスコートし、プレイが終われば速やかにグラスとザーメン入りゴミ箱を片付ける。ラクショーだ。あぁ、やっぱオレは裏方の人間じゃないな。ホール向きだよ。

なんて余裕は、一瞬にして吹き飛んだ。

「ねえアンタさぁ、さっきちゃんと見てた？」

客がひとしきり捌《は》けた後、ナンバー2のミホに呼び出された。見てた？　何のことっすか？

「さっきアタシが付いた客、アソコにグリグリ指入れてたのを見たのかっつってんだよ！」

この店はキャストへの指入れはOK。しかし、あまりに乱暴な場合は、ホール係が客を制し、女のコを助けることになっていた。

「アタシずっとアンタにヘルプのサイン出してたのに、見てなかっただろうが！」

「………」

まったく見てなかった。ちょうどその反対側のテーブルのシックスナインに目が釘付けになっていたのだ。す、すんません…。

「ざけんなよ！　何のためのホールだよ」

「…ホント、すいません」

怒られショゲる私を島田さんが慰めてくれたが、以降、ホールを任されることは二度となかった。

6時間ぶっ通しでオシボリ作業

出勤8日目。私は目のくらむ思いで、山のようなオシボリと格闘を繰り広げていた。

この日は月に一度のイベント・デーで、キャストは全員コスプレ衣装で着飾り、料金は30％オフ。おまけに帰り際には、次回の割引券までもらえるので、通常の倍近い客が押し寄せてきたのだ。一瞬でも全13卓に空席が出ないという状況である。

オシボリはドンドンなくなり、途中、効率を上げるため、洗濯機の使用を止め、手洗いに替えてもまったくお

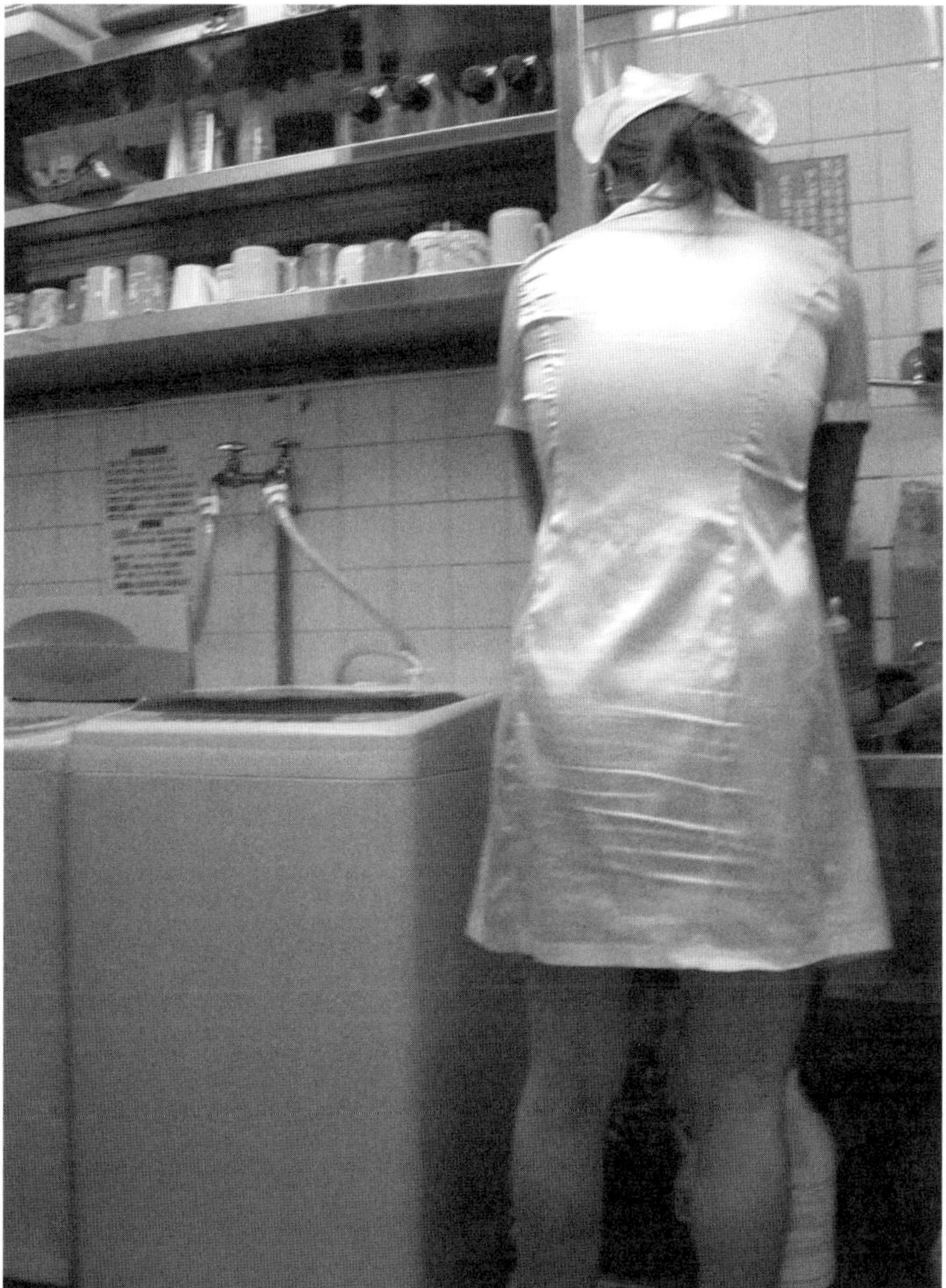

接客終了直後のキャストをパチリ。うがいと手洗いにめちゃめちゃ時間をかけておりました

っつかない。むろん、休憩など取るヒマもなく、もう6時間以上、ぶっ通しで作業を続けている有様だ。

出勤中のキャスト13人も一杯一杯だった。しゃぶってもしゃぶっても、客は一向に減らず、店内は明らかに殺気立っていた。

夜10時、ついにキャストからクレームが出始めた。

「もう最悪。あのオッサンどうにかしてよ！」

泥酔客に頭を乱暴に押さえつけられ、キレたらしい。ホール係の島田さんがすかさずフォローに入った。

「ゴメン。わかってたんだけどさ、あのオヤジ、3日に一度は来てくれる常連じゃん。言いづらくてさ。勘弁してあげてよ」

「もうアイツにつくの絶対イヤ。出禁にしてよ！」

この後も似たようなハプニングが数回あり、その都度スタッフが必死にキャストをなだめていた。一方、私もそろそろ限界である。ハラが減って、手に力が入らない。ああ、もうダメ。

その様子を見かねた島田さんがホールそっちのけで手伝ってくれた。ありがとう。どこまでいい人なんだ、島田さん。

深夜2時、一通り店の掃除を終えたところで、有吉さんに退職を申し出た。

正直、私としてはもうしばらく仕事を続けたかった。日給計算で1万円以上になるし、なにより職場環境が良いのだ。これまで働いたどの職場よりも、スタッフの「楽しく働こう」という意志が強く、居心地は最高だったと言えよう。

ま、それでも、やはり同じ風俗に行くのなら、働くよりも、金を使う方がはるかに楽しいのだけれどね。

養豚場飼育員

きついお仕事9

求人情報源
飛び込み

バイト期間
3日間

待遇
時給850円

檻の中はクソだらけ

日常には〝つい衝動に駆られてしまう〟場面がある。

街で、もろタイプの女を見かけたとき。通りかかった車屋でむちゃくちゃカッコイイ四駆を目にしたとき。人は『どーせモテないから』とか『金ねーし』という現実を忘れ、思わぬ行動に出るものだ。

夏のある日、友人2人と千葉の銚子へツーリングに出かけたときの私がまさにソレだった。走り出して約3時間、到着寸前のところで道を間違え、農場らしき建物に遭遇した。途端に漂ってくる獣の臭い。かすかに耳に届くブヒブヒという鳴き声。どうやら養豚場らしい。

「わ、くっせ！　早く戻ろうぜ」

仲間の1人が口走ることばを、私は無意識に遮《さえぎ》っていた。

「ちょっと待ってて。ここで働けないかどうか聞いてくる」

「はぁ？」

炎天下、猛烈な悪臭がはびこる豚小屋での重労働。都内のハローワークでは一度もお目にかかったことのない、実にレアなお仕事である。当企画にドンピシャではないか。

ヘルメットを取り、ぐしゃぐしゃに乱れた髪を整え、私はバイクから降りた。

1万頭のブタを抱える一大養豚業者

「すみませーん！」

事務所らしき建物を訪ねると、1人の中年男性が出てきた。

「はい、どうしたの？」

「あの、実はこちらで働きたいんですが、アルバイトなんか募集してませんか?」

「え?」

「ここでアルバイトできませんか?」

「…なんか唐突だねぇ。住まいはどこ?」

「(千葉県の)佐倉市です」

とっさにウソをついた。都内在住と言えば、通勤に時間がかかりすぎると、断られるに違いない。

「ふーん、佐倉なの」

「駄目でしょうか?」

「いや、ウチはわりと頻繁に臨時アルバイト募集してるから雇うのはいいんだけど、なんでまた養豚の仕事がやりたいの?」

「え? ええっとそれはですね……実は私、昔からブタが大好きで、ずっと養豚場で働けたらと考えてたんです」

「ほうほう」

「そしたら、今日たまたまこの近くを通りかかりまして、思い切ってお願いに伺ったんです」

我ながらクサイ芝居ではあるが、作戦は上手くい

その養豚場は、漁港の町・銚子の片隅にひっそりと佇んでいた

った。

「ふーん、そうだったのか。君は若いころの僕と一緒だな！」

うれしそうに肩を叩く男性がここの社長らしい。何でも、もともとブタと野菜の兼業農家だった家業を、先代が亡くなったのをきっかけに養豚一本に専念。現在は、計1万頭ものブタを抱える一大養豚業者になったのだという。

「つまり、俺もブタが大好きだったってこと。君、気に入ったよ。明日から来れるかい？」

「はい、ありがとうございます」

作業は朝7時から夕方5時までの10時間（休憩1時間含む）で、時給は850円。条件的にはたいしたことはないが、社長

繁殖農場には豚舎が7つあり、各豚舎にいるブタの数は300〜400頭。圧巻です

の好意に応えるためにも、いっちょ頑張ったるぞ！

作業服がクソまみれで発狂しそうだ

翌朝4時、卵かけご飯を流し込みいざ銚子へ。早朝のため道はガラガラだが、高速を使っても片道2時間半の道のりはツライ。これから毎日通勤に5時間かけるのかと思うと、早くもくじけそうだ。

「あぁ、昨日突然押しかけてきた人って君か」

更衣室で作業服に着替えている私に、50過ぎの枯れたオヤジが話しかけてきた。

ベテランの田口さん。銀縁メガネがよく似合う公務員系の風貌だが、この道20年のベテランらしい。作業は彼が教えてくれるようだ。

「今日は僕がずっと付きっきりだから、よろしくね」

「お願いします！」

養豚場には、大きく2つのエリアがある。1つは、母豚を妊娠させ、子豚を大量に出産させる繁殖農場（大きな豚舎が7つある）。もう1つは、子豚を半年間で100キロの巨体に成長させる肥育農場で、私は当分、繁殖農場で働くことになるという。

田口さんの後に続き、豚舎へ入り驚いた。ブタ、デカーっ！　こんな巨大な生き物だっけ？　側に転がってるドラム缶がすっごく小さく見えるんですけど。

いや、それよりビックリなのは、ヤツらの鳴き声だ。ブーブーじゃなく、グオオーッ！　猛獣のようにいななき、こちらを睨みつけてくる。怖すぎだって。

さて、繁殖農場での仕事は、エサやりから始まる。ブタは1頭ずつ板で仕切られた檻に収まっており、手前に取り付けられたレバーを引けば、1回分の飼料が流れ出す。実に簡単。

が、これは新しい檻に限った話で、約300ある旧檻にはエサレバーが付いておらず、給餌車《きゅうじしゃ》（餌やり用の手押し車）を使い、1頭分ずつスコップで与えなければならない。しかも、田口さんがやたら「もっとペースアップ！」と叫ぶもんだから、シンドイことこの上無しだ。

どうにかエサやりを終わると、田口さんが私に熊手を手渡した。

「んじゃ、クソ掻きしよっか」

「………」

文字通り、ブタの排泄物を柵から掻き出すらしい。そうだよな、当然こういうこともしなきゃイケないんだよな…。

「ブタが寝てたら、背中を叩いて起こすんだ。見てろよ。コラ、起きろ！」

ブビビビ！　平手打ちにされ、ブタが悲鳴とともに立ち上がると、すかさず田口さんが熊手を動した。掻き集められたクソが、土や食べこぼしのエサと混じり、異臭を放つ。うげー、えずきそうだ。

「じゃあ、この豚舎は君がやっといて。俺は隣をやるから」

「はい」

覚悟を決め作業開始。と、5分もたたぬうちに猛烈な怒りがこみ上げてきた。叩いても蹴ってもなかなか起きないブタ、掻き出すそ

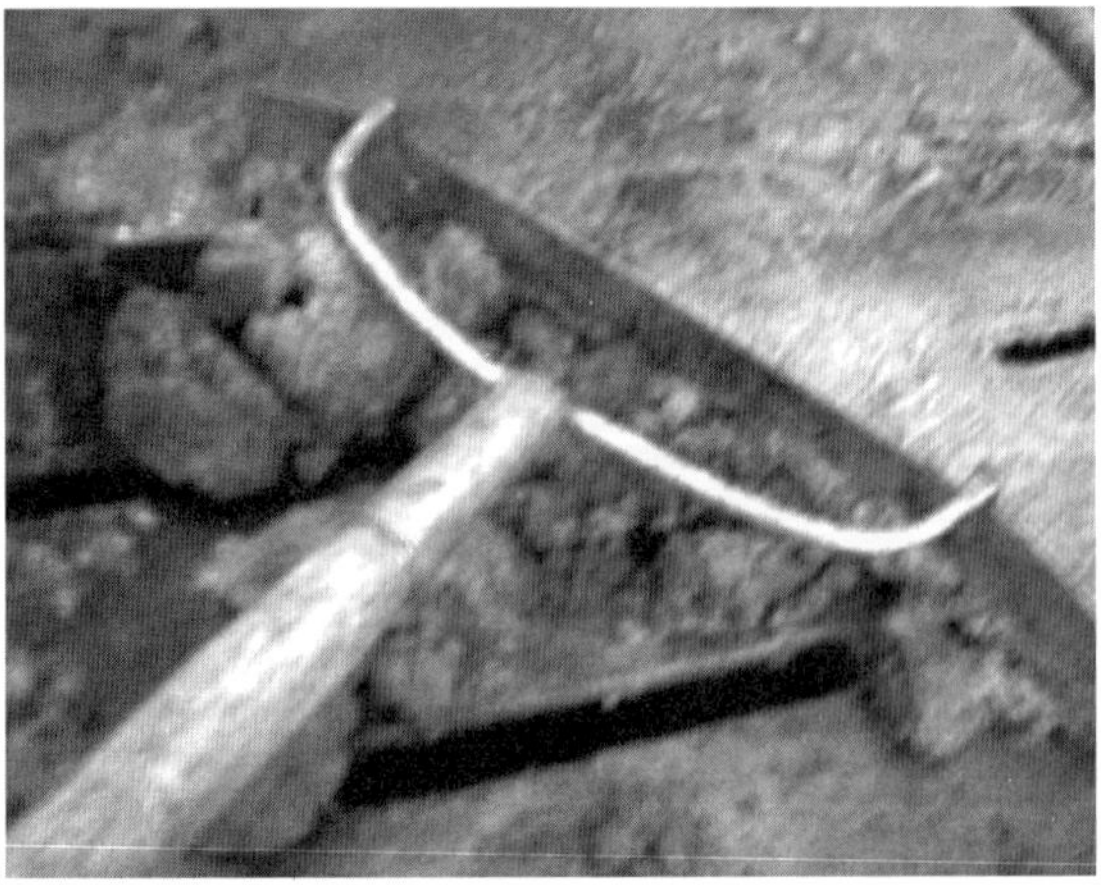

クソ掃除は養豚仕事の基本。クセーのなんの！

ばからクソを垂らし、放尿しやがるブタ。挙句には顔や手に飛沫まで飛んでくる。くっそー、ブーブーとマヌケ面してんじゃねぇ。ちったぁ協力しやがれってんだ！

おまけに手足はもちろん、作業服はクソまみれ。く〜う。もはやアタクシ、発狂寸前でございまする。

ブブッと喘ぐ淫乱メスブタ

昼飯を終え午後になっても、作業はてんこ盛りだ。どでかい飼料袋を50個手でえっちら運び、ブタの寝床用のもみがらを1檻ずつ敷き詰める。夏のムッとした空気に、体力が一気に消耗していく。

社長から呼び出しを受けたのは、時計の針が午後2時を過ぎたころだった。今から人工授精をやるので手伝えという。

「和田君は先に豚舎に行って、母豚の尻を洗っといてくんないか」

「はあ」

げんなりしつつもブタのアナルにこびりついた汚物を拭き取っていると、妙なことに気づいた。

（ブ、ブタのマンコって…）

あのアワビのようなビジュアル、ビラビラの肉感、どれも人間のメスとそっくりじゃん。現に目をつむっていじくってみれば…イイ。凄くイイ。久しぶりの感触に、動悸が激しくなっちゃうじゃない。

心なしか悶々としてしまったところで、ブタの人工授精について簡単に説明しておこう。

人工授精で集められるメスブタは、発情中のモノのみ。21日周期で発情期を迎えるメスブタは、性器が紅潮し、愛液が垂れ、背中を押してもジッと動かないので（オスを乗せる準備のため）、簡単に見分けられる。

一方、タネは、あらかじめオスのチンコから採取し、最適の濃度に調整保存しておいたものを使う。ちなみにこの養豚場では、通常交尾も行うが頻度は稀。やはり人工授精の方が効率がいいらしい。授精の際は、カテーテルをメスのマンコへ挿入。100㎖容器いっぱいのスペルマを一気に流し込む。この作業を3日間で計5回行えば、大半のブタは見事生命を宿すそうだ。

紅一点の美人従業員、マチ子さん（写真左）。本文中では触れていないが、一度彼女を食事に誘いあえなく撃沈。サブいっす

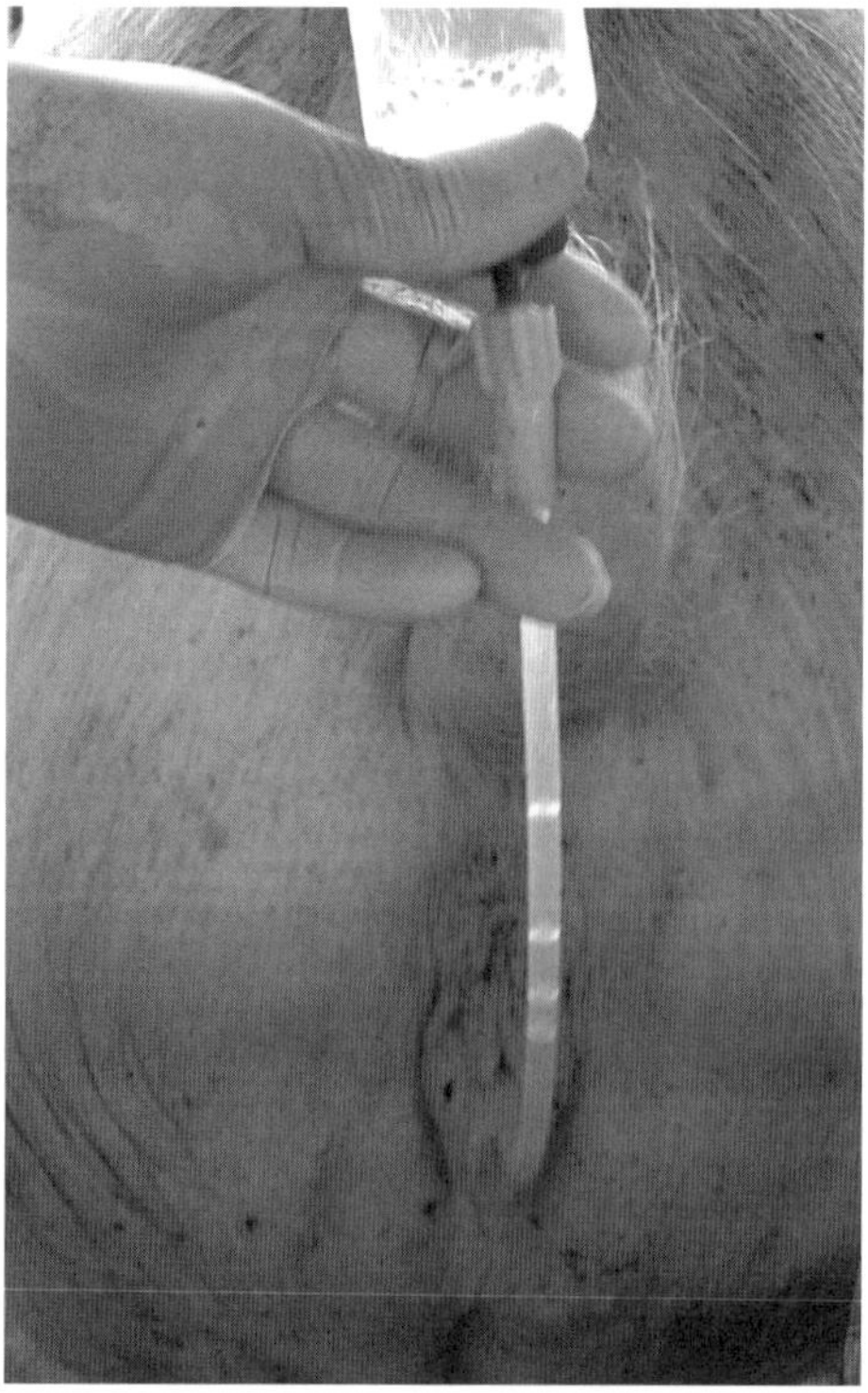

カテーテルをマンコに挿入するの図。ちなみに………メスブタの愛液はシャワーのように滴ります

さて、ブタのアナル掃除を終えた私は、社長の指導の下、授精作業に取りかかっていた。

カテーテルを手で支えつつ、その先をマンコにブスリ。白っぽい液体をメスブタのマンコに流し込んでいく。やっぱり気持ちいいのだろうか。カテーテルを上下に出し入れすると、ブブッっと甘えた声で喘ぎやがる。ははは、気持ちいいのか、この淫乱メスブタめ。

「君、何やってんの?」

社長が何とも言えぬ眼差しを向けていた。

「え、いや、別に…」

「欲求不満なのか知らないけどさ、ウチのブタで遊ぶんじゃない!」

うう…。

トラックの荷台で200キロの巨体と格闘

「今日はブタを移動させるから忙しいぞ。テキパキ頼むな」

翌朝、更衣室で社長が全員(田口さんを含め社員は計3人)の顔を見渡し言った。何でも、母屋と呼ばれる豚舎から、新しい母ブタを繁殖農場へ連れてくるらしい。

クソ掻きを終えた後、私は田口さんとともに4トントラックに乗り込み、件の豚舎へ向かう。

「とりあえずここから10頭持って帰るか」

稀に自然交尾をさせることも

「田口さん、どうやってブタをトラックに積み込むんですか？」

「んなもん、自分で歩かせるに決まってんだろ」

言いながら、トラックの荷台から大きなトタン板を何枚も取り出す田口さん。なるほど、これで通路を作り、ブタをまっすぐトラックまで誘導するってワケか。

苦闘の末、ようやく荷台に収まったブタども

ギイッと開いた柵の中から、ブタどもがゆっくりと歩き出した。

「和田くん、コイツらのケツを叩いて。早く進むから」

「はーい。ほら走れ！」

教えられたとおり、尻に思いっきり平手打ちをかますと、ブヒブヒ駆けだした。中には言うことを聞かない生意気なヤツもいるが、シッポをグッと持ち上げて押せば、諦めて動く。あとはそのままトラックの荷台に追いやるまでだ。

途中、目の前の1頭に糞尿をぶっかけられた。何とも勢いのある一発で、作業着の中にまでしっかり染み込んでくる。

ブタの排泄物の臭いは、一度体に付くと容易に取れない。事実、昨晩も、ボディソープで3度洗い、ようやくスッキリしたほどだ。はぁー、また異臭をまき散らして、高速を走るのかよぉ…。

「コラ！　大人しくしろ！」

「ブギ〜！」

ガックリ肩を落とす私の耳に、怒声が飛び込んできた。田口さんがトラックの荷台で、逆走するブタと必死に格闘している。なにしろ相手は200キロの巨体。さすがのベテランも、下手すりゃ吹っ飛ばされかねない。

「和田くん、こっちきて手伝ってくれ！」

すぐに駆けつけ、2人がかりで押しまくるも、ブタは岩のごとく動かない。ニヤッと締まらない目つきが、人間様をバカにしているように見える。ホンマ、いますぐ叉焼《チャーシュー》にして食ったろかボケ！

結局、15分後、田口さんがトタン板でブタの進路を上手く塞ぎ、どうにかトラックへ戻すことに成功。その間、ずっとケツにしがみついていた私は、またも大量のクソを吹き付けられるのであった。

凶暴なオスブタに鼻で突き上げられる

母屋から持ち帰ったブタを各豚舎に振り分け、ようやく一息つけたのは昼すぎだった。

「さーて、飯食うべ。今日はウチのブタで作ったトンしゃぶだぞ」

休憩室を覗けば、テーブルの上に、大皿に盛られたトンしゃぶが並んでいた。うーん、どうなんだ。こいつらって、さっきまでブヒブヒ鳴いてたヤツらだろ？

複雑な気持ちで食べてみる。あまりオイシク感じない。どころか、自分の体から漂うブタ臭のせいで、吐き気さえしてくる。ろくすっぽ手も洗わず、肉を摘んでいる田口さんが羨ましい限りだ。

同様に、もりもり箸が進んでいる社長が口を開けた。

「たぐっちゃん（田口さん）、和田君もだいぶ慣れてきたろうし、次はオス豚舎の掃除やってもらうか」

「いや、まだ早いんじゃないですかね？」

ん、早いだって？　何を言ってるんすか。ここに来てオス豚なんてほとんど見てない。むしろやってみたいくらいっすよ。

「いや、オス豚は怖いよ」

「またまたー。平気っしょ」

全然平気ではなかった。社長に連れ添い、豚舎へ足を踏み入れた途端、私は腰を抜かした。

「ここは、特に大切なオスが10頭だけいるんだ」

3畳ほどの檻に1匹ずつ入っているオスブタは、どれもメスブタの2回り以上大きく、面構えも凶暴。一番奥の檻にいる最大級のヤツなど、口からあぶくを垂らし『ガルルー』と唸っているではないか。ライオンかよ、お前は。

「檻に入ったら、とにかく背中を見せたり、ブタの正面に立つな。コイツら怒らせると、マジで大けがするから」

「わ、わかりました」

檻に入り、ブタを刺激せぬよう、そーっと、なるべくそーっとクソを側溝に落とす。相手が方向を変えれば、それに合わせてこちらも体を移動させる。

この恐怖は、狂犬と同じ檻に放り込まれた状況を想像してもらいたい。冗談ではなく、どの檻のオスも一発触発の雰囲気を醸し出し、いまにも噛みついてきそうなのだ。

そして、悪い予感というものはよく当たる。最後の檻の掃除が終わった瞬間、ライオンブタが、いきなり『ガーッ』と叫び、鼻を突き上げてきたのだ。

「ふんぎゃ――――!!」

思わず熊手を放り出し、檻から飛び出した。右足に激痛。ズボンをめくり上げれば、太ももが内出血している。勘弁してくれよ…。

ただ、後で聞いたところでは、私の怪我など軽い方だったらしい。みんな一度はオスに襲われた経験があり、田口さんなどは大きな牙で噛まれ大出血、全治1カ月以上の怪我を負ったこともあるそうな。もうイヤ〜!

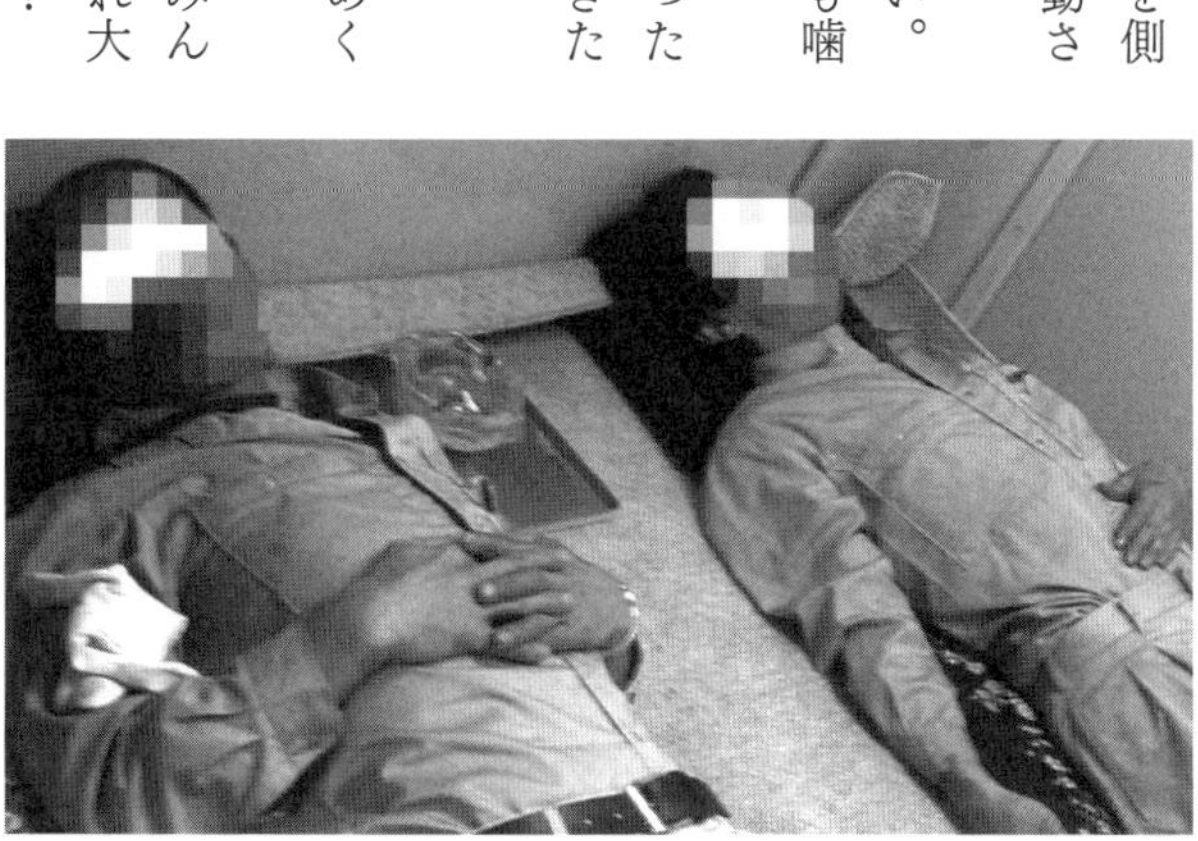

休憩時間は唯一のオアシス

3日目の作業が終わり、社長に退職を願い出た。足の痛みが思ったより悪化し、とても作業が続けられそうにない。というのは表向きの理由で、本当はこれ以上、クソまみれになるのが耐えられなかった。手に付くくらいならまだしも、顔に飛沫が飛んだ日にゃ、気持ちはソーブルー。だからといって、その状況に慣れるのも勘弁だ。養豚場、さらば！

3日目の昼食に出たトンカツ。味はバツグンだが、心はちと複雑

臭いのはもうイヤ！

新薬臨床試験 ボランティア

求人情報源
友人からの紹介

バイト期間
10泊11日

待遇
謝礼20万円

きっついお仕事10

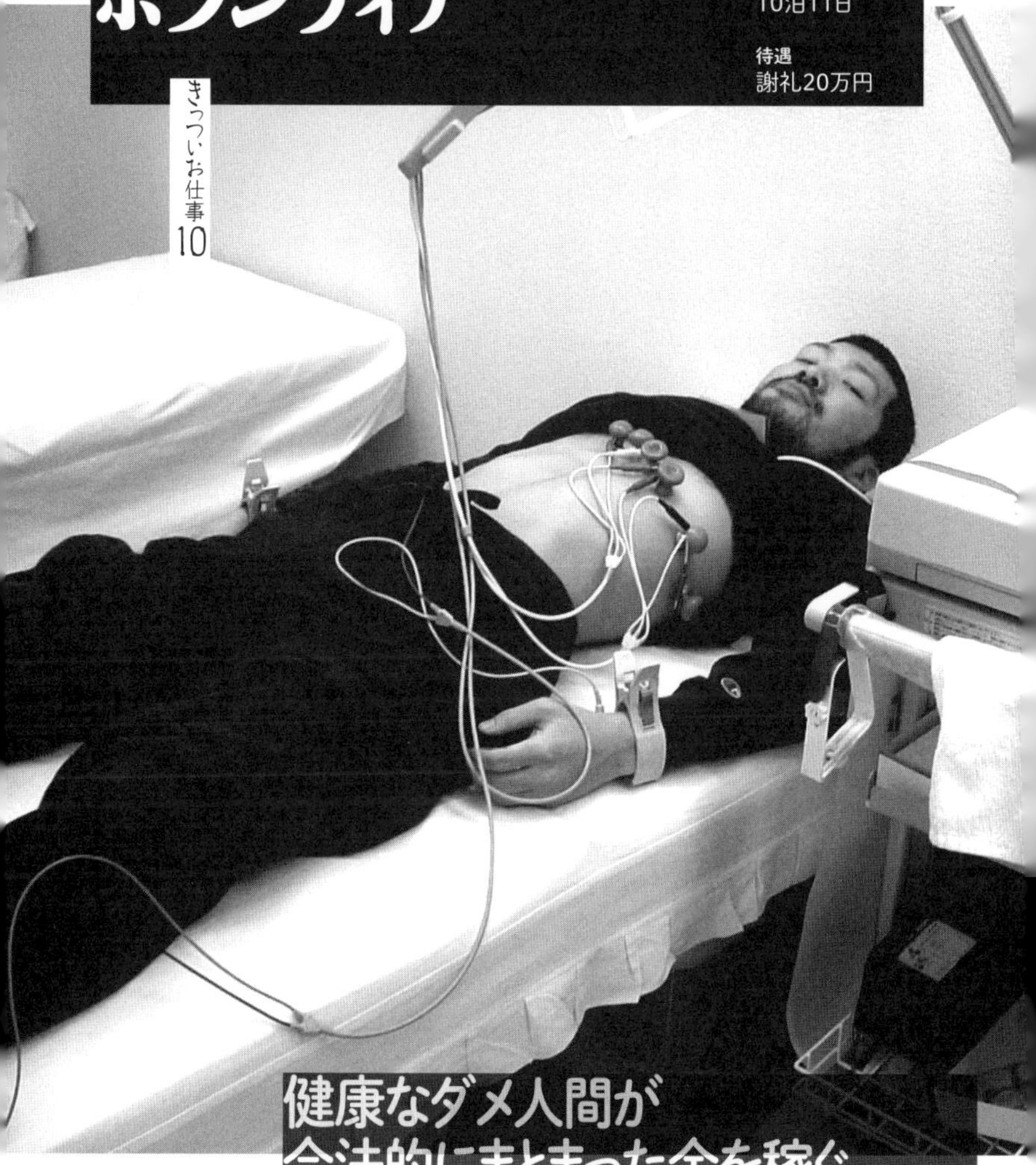

健康なダメ人間が
合法的にまとまった金を稼ぐ
唯一にして最高のアルバイト

劇団仲間から、治験バイトの誘いを受けた。新薬臨床試験、通称「治験」。新しい医薬品の有効性や安全性を調べる際、自らの体を実験台として提供する仕事で、早い話が、人間モルモットである。被験者にはかなりの謝礼が支払われるとも聞く。

「俺も友だちの紹介でこの前初めて行ってきたんだけどさ、よかったぜー。3泊4日、試験所で食っちゃ寝食っちゃ寝してるだけで8万円ももらっちっちってよ」

「マジで?」

「おお、いいだろ? そこの試験所紹介してやっからさ、オマエもやったらどーよ」

何でもコヤツ、試験所の人間に新たな参加者を連れてくるよう頼まれたらしい。

「なあ行ってこいよ。1人につき紹介料が3千円もらえることになってんだよね、へへへ」

ヤツの財布を温めるのはシャクだが、寝てるだけで大金をもらえるとなれば放っておけないだろう。

(※コネがなくても「ボランティアバンク」なるHPから各種の治験情報を無料入手できる。http://www.vob.jp/)

内服薬を選べば報酬が高そうだ

1週間後、JR山手線駒込駅から徒歩1分ほどの場所にある、臨床試験所Hを訪れた。まずはここで新規被験者の登録説明会に参加しなければいけない。

受付を済ませ、そそくさと会場へ。パイプ椅子がキチっと並んだ場内にはすでに参加者が14、15人ほど席に着いている。見たところ、みな20代前半。カネがなさそうなヤツばかりで、実にわかりやすい。

アンケート用紙に記入していると、白衣姿の中年男が現れ、資料を配布、全員に行き渡ったところで説明が始まった。

治験の定義、種類、参加心得など、どーってことのない内容だ。最後に数ある試験の中からどれに参加したいのか第3希望まで出すよう言われる。

改めて資料に目を通すと、大半の治験が入院を要するようだ。入院泊数別、目薬、ダイエット薬、塗り薬などの投薬別にと、種類も豊富にある。

けどさー、肝心の報酬額が明示されていないってのはどうよ。恐らく、治験はあくまで有償ボランティア、決して仕事ではないという製薬会社の建前があるんだろうけど、これじゃどれ選んでいいかわかんねーよ。

しばし考え、用紙に第1希望（20泊21日・内服薬）第2（10泊11日・内服薬）第3（6泊7日・内服薬）の3つを書き込み担当者に提出した。拘束日数が多く、人体への影響が大きそうな内服薬を選べば、報酬も高いはずだ。

10人に1人の割合で副作用が出た

説明会から3日後、H試験所から電話連絡が入った。

『和田さん、20泊の試験はすでに定員がいっぱいとなってますので無理ですね。ただ10泊の方は大丈夫ですが、どうされます？』

うーん、しゃーない。そっちで我慢すっか。

『では、健康診断に来てください。前日は、夜10時以降の飲食は必ず控えてくださいね』

健康診断は4日後、入院の1週間前に行われた。言われた通り前の晩から何も胃に入れず、試験所を訪れる。足がフラフラだ。

数人の参加者とともに、先日の説明会と同じ部屋に通され、簡単な説明が始まった。

担当者によれば、そもそも治験には第I、第II、第III相試験という区分があり、健康な成人男子が被験者となるのが【第I相試験】(女性は生理などの影響で試験結果が不安定となるため、一部の薬を除き不可)。第II、第III相試験は、その薬がターゲットとする疾患を持つ人間が対象らしい。

で、今回私が参加するのは、糖尿病性神経障害の改善薬の第I相試験。第II相試験では、10人に1人の割合で副作用があったという。

動悸、吐き気、食欲不振、便秘など、どれも重度のモノではないと担当者はおっしゃるが、ちょっとヤバくねー?

だが、参加の意志は入院後に撤回して構わないらしい。噂で聞くような【薬による後遺症・死亡に関して一切責任を負いません】という文面も同意書には掲げられていない。さほど怖がる必要はないのかも。

しかし、何より私の決心を固めたのは、担当職員の台詞だった。

「えー今回の参加者の方には謝礼として20万円が支払われます」

20万。10日間薬を飲むだけで20万。むふふ、ええやないかい、よすぎるやないかい。

身長、体重、体温、血圧、脈拍数、心電図、採血、採尿、問診と一通りの検査をこなし、診断は2時間程度で終了。帰りには交通費として一律3千円、おまけに食事代に1千円分のクオカードまでもらっちゃって、くぅー。治験ってイカすぅ!

翌々日に届いた診断結果はどこにも異常は見当たらず、無事に合格。あとは5日後の入院を待つばかりとなった。

マンガ、プレステ、ビデオ。娯楽室は最高っす！

当日、夕方。試験所の受付で、看護師から入院中のスケジュール表とロッカーキーを受け取る。今回の試験参加者は計11人。私を含めた本メンバー8人が10泊し、残りの3人は、本メンバーが体調不良などで抜けたときのために2泊だけ参加するらしい。

「本格的な試験は翌朝からなので、今晩は特になにもないんですよ。だから消灯時間までは自由にしてて構いませんよ。それと試験中は禁煙なのでタバコは受付に預けていってください」

「はい、でも大丈夫です。俺吸わないんで」

この後は、パジャマに着替えるため、指定のベッドルームへ。部屋は2人部屋で、すでにルームメイトらしき男が床に寝ころがり本を読んでいた。

歳のころ30代前半。金のネックレスにインチキくさい縁メガネをかけ、見るからに私と話が合わなそうだ。

「どうも和田といいます。今日からよ

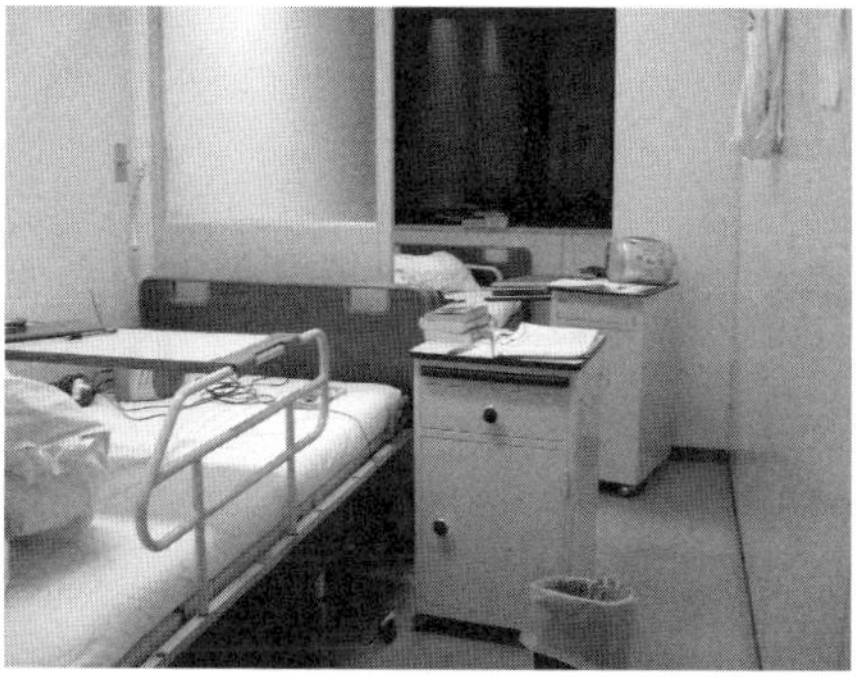

広さ10畳ほどのベッドルームは見た目以上に快適

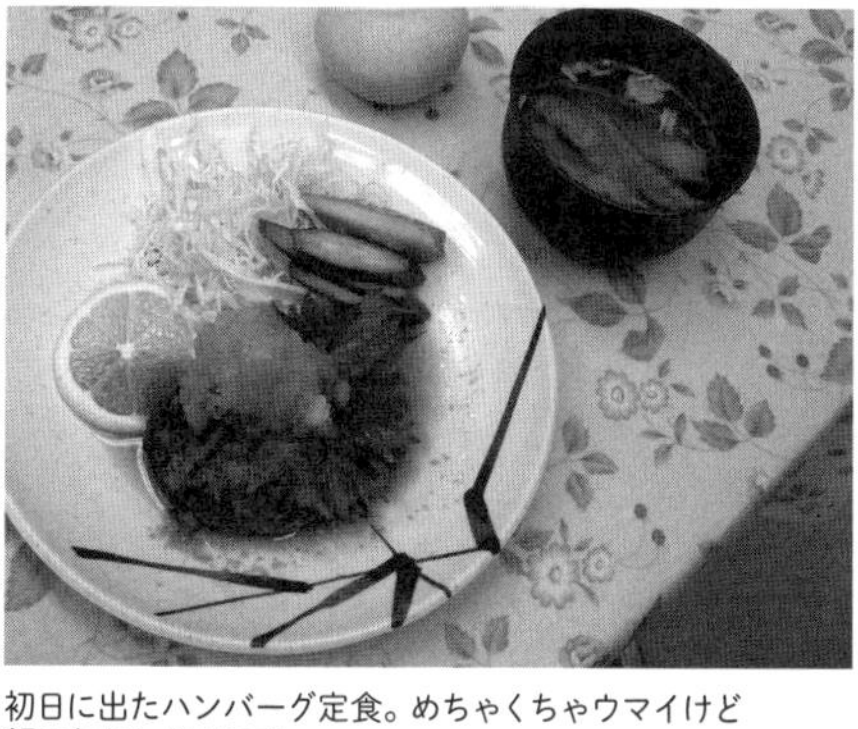

初日に出たハンバーグ定食。めちゃくちゃウマイけど
飯のおかわりは不可

娯楽室には本類、テレビ、プレステ2などが用意されている。願わくばエロ本も置いてほしかった

ろしくお願いしますね」

深々とお辞儀をする私に、男は本から目も離さず「…ああ」と生返事をするだけ。けっ、なんじゃコイツは。

支給されたパジャマに着替え、首から番号付きのネームプレートを下げながら、娯楽室へ足を運ぶ。

ここには、漫画、小説、新聞類から、プレイステーション2などのゲーム機器、ビデオ、CDプレイヤーなどが揃っており、しかも飲み放題のカフェインレスコーヒー、野菜ジュース、麦茶までもが常備されている。暇つぶしにはもってこいだ。

コーヒーをすすりながら2時間、思う存分『ナニワ金融道』を読みふけってから食堂へ。夕食のメニューはハンバーグ定食。デザートにはミカンが付いていた。事前の飲食を禁じられていたこともあり、実にウマイ。ものの数分でペロリと平らげてしまった。

夕食後にフロへ入り、再び娯楽室へ。他の連中はすでに寝てしまったのか誰もいない。23時の就寝時間までぼけーっとテレビの前に陣取り、私はようやく布団に潜り込んだ。

みなプータローで4カ月以上働いてない

「おはようございまーす」

翌朝7時。部屋のカーテンが開けられ、看護師が顔を覗かせた。

「すぐに検診がありますんで準備してください」

「あ、はい」

もらったスケジュール表によると、これから毎日、朝食前に採尿、体重測定、問診、血圧測定、採血などを行うらしい。その日は、なんと採血は食前後に5回。針が苦手な私にとっては憂鬱な限りだ。

採尿とは別に行われる蓄尿も面倒そうだ。

蓄尿とは、文字通り、入院期間中に出る尿を1滴残らず溜めていくことで、トイレに行く際、必ず専用のプラスチックペットボトルを持ち込み、そこに尿を入れなければならない。終われば、共有の冷蔵庫にしまっておくのが決まりだ。

諸々の検診が終わったところで、看護師から透明な液体が入ったコップを手渡された。なにコレ。

「糖分が多目に入っている普通の炭酸水です」

「炭酸水?」

「ええ。薬じゃないので安心して飲んでください」

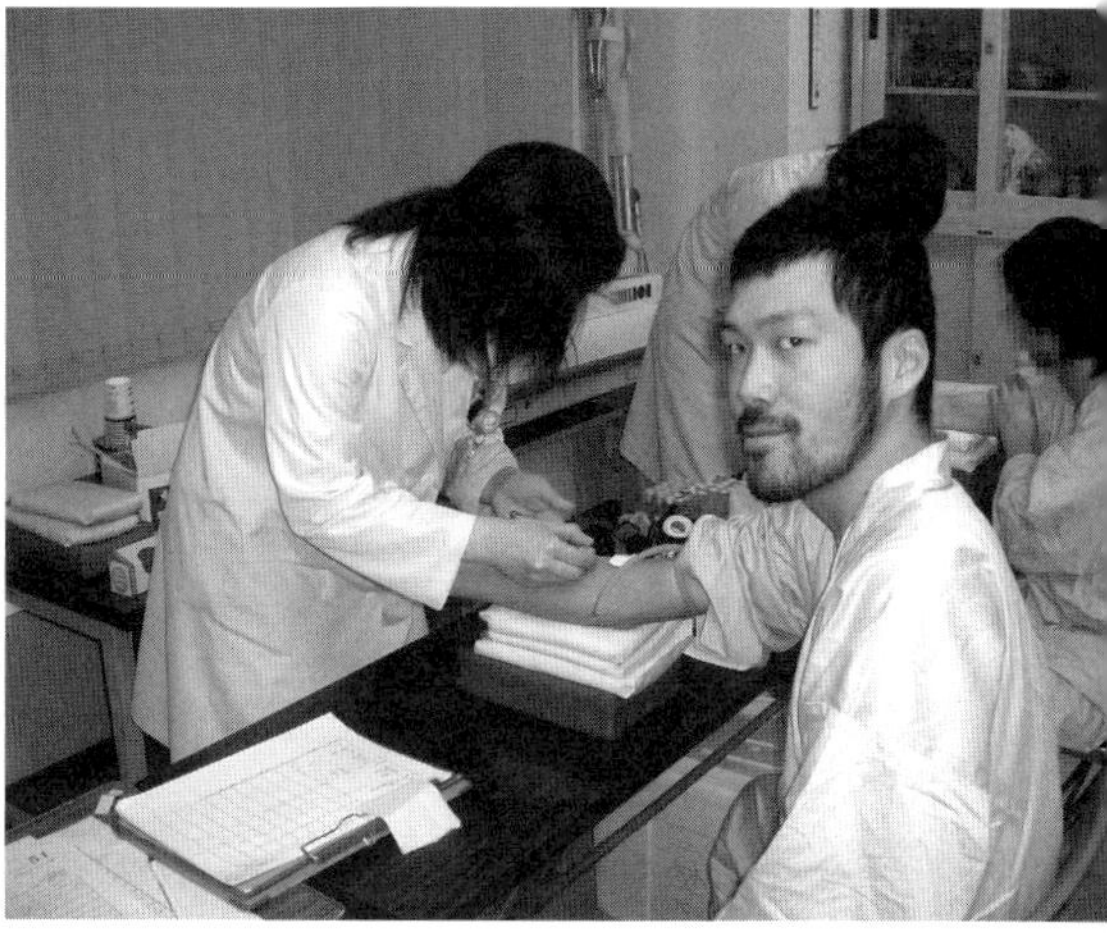

治験の朝は検診で始まる

看護師の話では、これから30分後に再び採血を行い、体内の糖分吸収と分解の具合を調べるのだとか。そのデータが明日から始まる投薬の参考になるらしい。

とりあえずこれで、今日の主だった予定はすべて終了。朝飯、昼飯を腹一杯かき込んだ私は、終日ベッドで『ナニ金』の続きを読み、夕飯後は、娯楽室でテレビゲームに興じた。まったくもってラクチン。この間にも賃金が発生してると思うと、楽しくてしょーがない。

リラックスムード全開でゴロゴロしていると、他の治験仲間が3人やってきた。そう言えば、ここに来てからルームメイト以外と口をきいてなかったな。

「どうも、こんばんは」

「あ、どうもどうも」

彼らは高校時代の仲間で（全員24才）、知人の紹介で今回の治験に初参加したらしい。みなプータローで、4カ月以上も働いていないそうだ。治験のお仕事にこれほどピッタリくる連中もいない。

彼らとはこの日から退院まで、エロ話や映画ネタで大いに意気投合した。やっぱりわかり合えるんだな、ダメ人間同士ってのは。

高橋尚子でヌくしかないのか

3日目の朝。検診が済んだ後、そのまま診断室に残るように指示

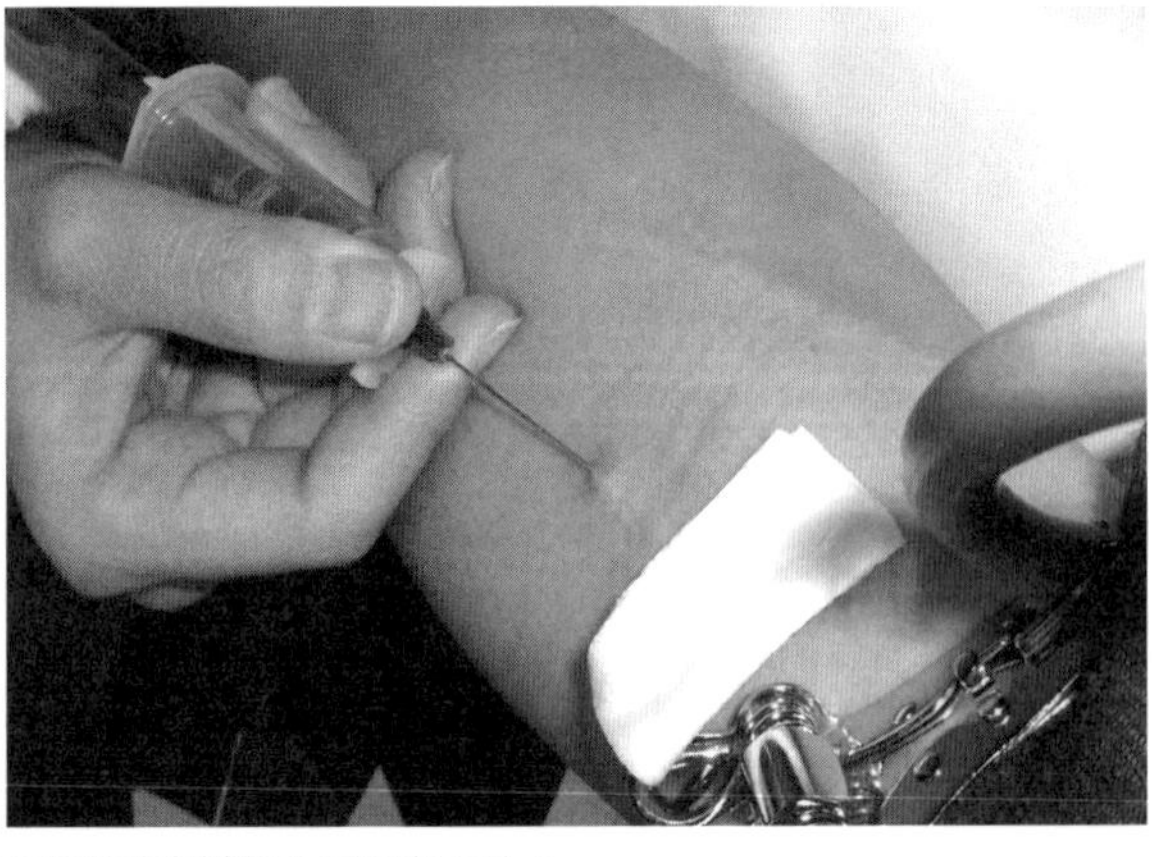

1日に5回も血を採られるからタマラナイ

された。いよいよ今日から1日3回、食前の薬の投与が始まるのだ。

一列に並ぶ被験者の手に看護師が白い錠剤を手渡していく。アレ。ちょっとおかしくないか？

「すんません、薬の数を間違えてません？　8つももらったんですけど」

「1日24錠飲まなきゃいけないからそれでいいのよ。ちょっと多いかもしれないけど全部飲んでね」

「えーっ！」

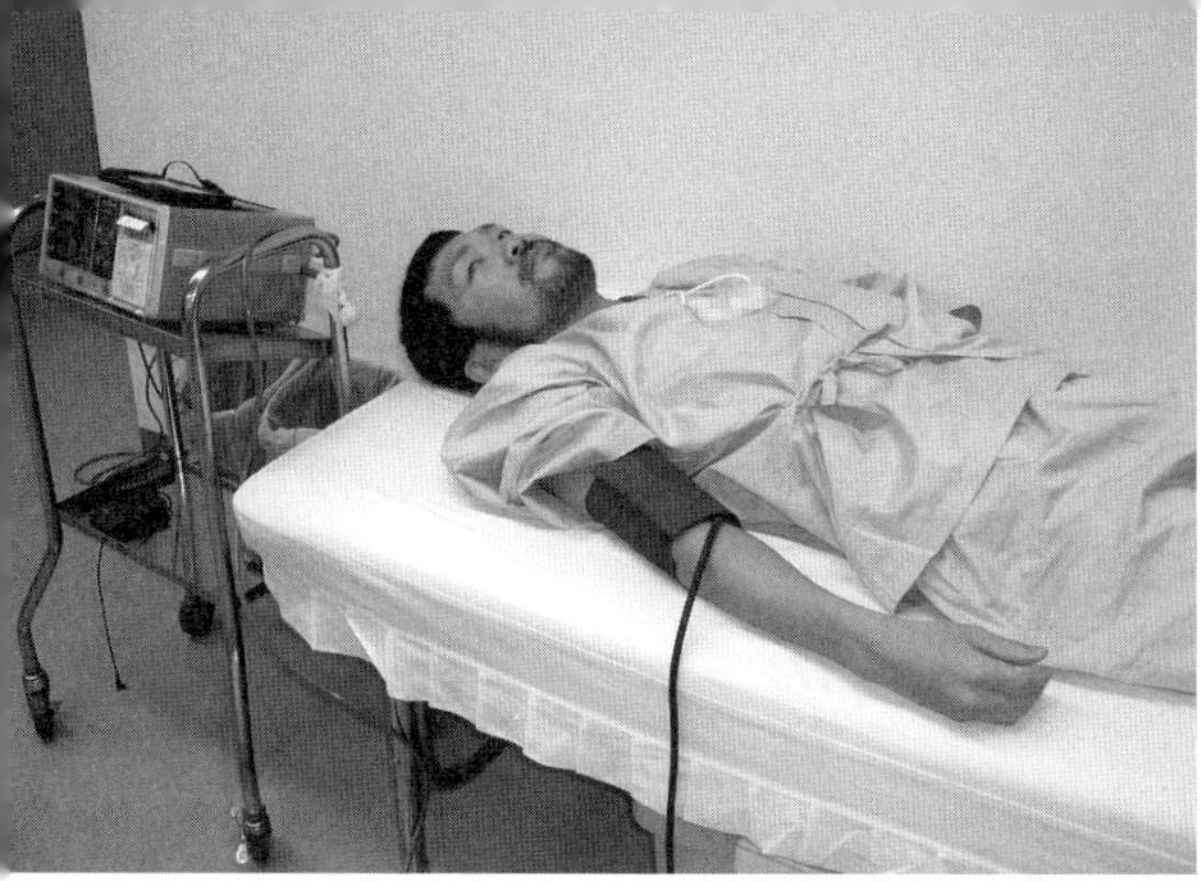

誰か機械止めてぇ

風邪薬でも胃薬でも、私は生まれてこの方、錠剤というものは一度に3錠以上飲んだ記憶がない。それが3倍弱の8錠。しかもブツは開発途中の新薬だ。大丈夫なんか、おい！

ところが、他の7名は（予備メンバーは帰った）、何のためらいもなく薬を放り込んでいく。小心者と思われるのがシャクなので、私もサッと飲み下したが、内心はドキドキである。

しかし、慣れとは恐ろしいものである。この後昼に1回、晩に1回と投薬されるうち、徐々に恐怖心が和らぎ、翌日になると、何も感じなくなった。

それよりも、ここにきて私は、全く別の問題に頭を悩ませ始めていた。ズバリ、オナニーだ。

チンチンをこすれば白い液体が出ると知ったのは13才のとき。以来、毎日のようにオナニーを嗜《たしな》んできた体、4日間のブレイクは拷問に等しい。

当然ながら試験所にはオカズになりそうな雑誌やビデオなど置いていな

い。せめて看護師のナマ足を拝めればどうにかなろうが、フザけたことに、みなさんパンツルックである。くそっ、お手上げだ。

とうとう我慢の限界を越えた5日目。私は、朝の投薬が終わるやいなや、娯楽室にあったとある週刊誌を握りしめ、便所に駆け込んだ。カラー広告のページを開き、ランニング姿の高橋尚子をマジマジと見つめる。やるのか。コイツで抜いちゃうのか…。

30分後、重い体を引きずりながら、静かにトイレを後にする。計2発。私は心の中で自分を褒めたたえてやった。

背中の妙な痛みは副作用のせい!?

7日目の朝、ベッドから何気なく体を起したとき、ズキッ！　背中に妙な痛みが走った。ここって心臓か肺のある場所…。ま、まさか副作用!?

「心音、呼吸音、共に異常ないよ。うん、問題ナシ」

診療室に駆け込んだ私に、医師は事も無げに言う。

「いやあの、体をひねると本当に痛いんですよ。副作用じゃないっすかね？」

「あはは。んなワケないない。寝違えたんだよきっと」

「はあ…」

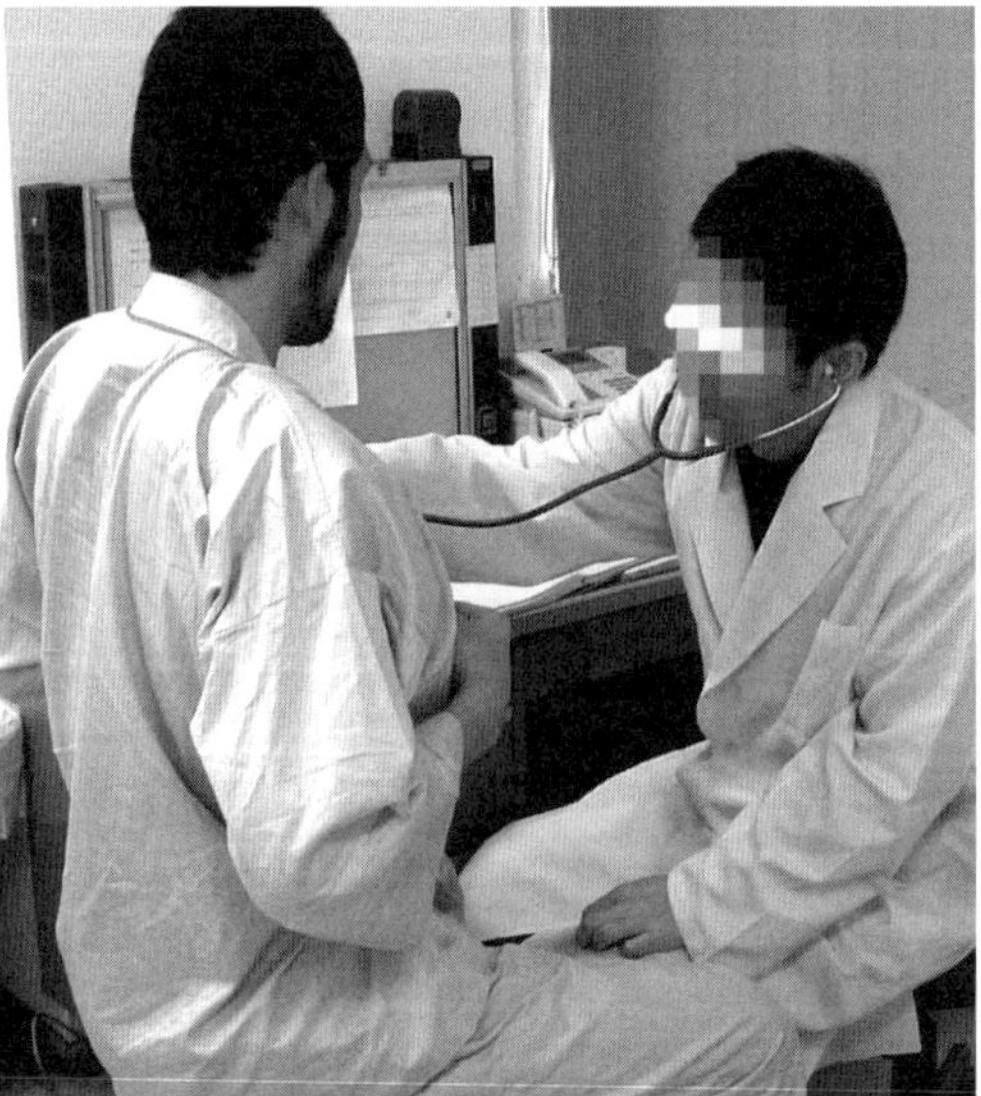

あのー、背中が痛いんですけど

翌日、翌々日も背中の違和感は消えなかったが医師は鼻で笑うばかり。いい加減だなぁ。それとも単に私が神経質過ぎるのかしら。

「はいはい、和田さんの番ですよ。袖をまくりましょうね」

疑念を払拭できぬまま、採血の順番を待っていると、看護師にたしなめられた。この日は投薬最終日のため、10回も採血があり、すでに5回目。右腕が青く腫れ上がり、まるでポン中のようだ。

正直もうウンザリだが、でも我慢するもーん。明日になればお楽しみが待ってるんだから。

実は入院中、私たち被験者には何度かお散歩タイムが設けられていた。看護師引率のもと、毎回1時間ほど公園、水族館、動物園などでストレスを発散させていたのである。当然、その際の交通費や入場料は試験所持ちだ。

そして今回は映画館でハリウッド映画を観るらしい。気分はウキウキである。

実際、翌日は久々に充実した1日だった。映画はもちろんのこと、入院最後の夜を例の3人組と麦茶とコーヒーで宴会まで開いたのだ。

その間、ジャンクフードを腹一杯食う、風俗に行く、酒を飲む等々、退院後にまず何をやるかの話で盛り上がり、もはや気分は、出所直前の受刑者。すっかり高揚した私たちは、高橋尚子をトイレに連れ込み、交替で毒抜きした。

退院の時間は、翌朝、採血を済ませ、メシを食べるとすぐにやってきた。交通費3千円を受け取り、試験所を後にする。

背中の痛みもすっかり消えた1週間後、事後検査のため、三たび試験所を訪れた。異常ナシのハンコをもらってから、謝礼を事務員から受け取る。福澤諭吉がキッチリ20人。ああ、感無量っす…。

雑誌に書きましたね。これは大問題です

読んでおわかりのとおり、今回のお仕事の満足度は100点満点だ。ラク、謝礼が高いと文句のつけようがない。あえて言うなら副作用の心配と時間のつぶし方くらいだが、聞くところによると、治験で使う薬はどれもGCPと呼ばれる国の安全基準をクリアしており、致命的な副作用が起きる心配はほとんどないらしい。万が一副作用が出た場合でもスポンサーの製薬会社がきちんと保障してくれる旨が誓約書に明記されているそうだ。

また、ヒマのつぶし方としては、事前にエロ本やモバイルパソコンを持ち込むなり、友人を誘って一緒に参加するなり、事前の準備さえちゃんとしておけば何も問題はない。

最後に注意点を1つ。一度どこかの試験所に入院し、本メンバーの被験者となった場合、以降4カ月間は一切治験を受けることはできない。しかもメジャーな試験所はお互いがネットワークで通じているので、複数登録の意味はないことも付け加えお開きとしよう。

と、ここまでは目出たし目出たしだったのだが、実は、本記事が『裏モノJAPAN』に掲載されて間もなく、病院側からクレームをいただいた。

「和田さん、雑誌に記事を書きましたね。これは大問題です」

もちろん、こちらとしては見たままを体験したままを素直に書いただけ。罪悪感などない。テキトーにあしらうと、二度と連絡がくることはなかった。

きついお仕事11

高層ビルの窓ガラス清掃

地上80メートルで筆舌に尽くしがたい恐怖を味わう

求人情報源
無料求人誌

バイト期間
16日間

待遇
日給8000円

高い所が嫌いだ。実家の屋根の上に登っただけでも目眩がしちまうぐらい苦手である。そんな筋金入りの高所恐怖症の私が、高層ビルの窓拭きにチャレンジする。本の企画で無ければ絶対、手を出すはずのない超危険なお仕事。嗚呼、やる前から気が滅入る…。

安全講習なんてあるわけない

求人情報誌で、ビルの窓ガラス清掃業者を探すと、わずかに3件の募集があった。さっそくその中の一つ、Z社にアポを入れ、中央区の小さなビルを訪れた。

受付で用件を伝え、控え室へ。間もなく、30代半ばごろの面接官が現れ、挨拶もそこそこに仕事の説明を始めた。

給料は未経験者の場合で、日給8千円（勤続半年以上で随時昇給）。週5〜6日勤務が原則で、赴く現場には高層ビルがメインの【常駐現場】と小規模ビルを日替わりで回る【ルート現場】の2種類があるらしい。

「念のため聞いておくけど、高い所は大丈夫だよな？」

面接官氏が視線を向けて言う。

「え、ええ。まあ」

「…ホントか？」

「はい」

「ウチの仕事、そんなラクじゃないし、興味本位で入ってもらっちゃ困るんだよ」

初現場のXビル。高すぎ

「はあ」

「いや、『はあ』じゃなくてさ。ホントにちゃんとやれるのか？　正直に言えよ」

面接官氏は言う。高所作業ではゴンドラだけでなく、時にはロープ1本でぶら下がらなければならぬことだって少なくない。つまり、窓ガラス清掃はソートー危険な仕事であり、ハンパな覚悟ではとても務まらぬ。

「で、どうなのよ？」

「あ…はい」

「なに？」

「はい、やります！」

無理矢理大声を出したら、その日のうちに採用の電話があり、翌日から現場へ入ることとなった。

ところで、新人研修なんかはいつやるんですかね？　最低限、安全講習くらいはやってもらえるんでしょ。

『そんな面倒なモン、あるわけないじゃん』

電話口で、面接官氏があっけらかんと宣った。

『仕事は実地で覚えるのが一番だから。キミもその方が手っ取り早くてイイだろ？』

こんな会社に入って大丈夫なのでしょうか、僕ちん。

このままずっと地上監視でいい

翌朝8時45分。都庁から程近いXビルへ。この30階建、地上90メートルの高層ビルは、数ある常駐現場の中でも最大クラスで、専門の清掃班が担当している。私はそこにしばらくヘルプとして入ることになった。

地下1階の清掃業者用ロッカールームには、すでに揃いのつなぎに身を包んだスタッフが4人、道具を携え談笑していた。

「あの、初めまして。和田です」

「おうおーう、新人くんか。会社から話は聞いてっから、このユニフォームに着替えてくれ」

グループのリーダー格らしきニイチャン＝北村（30才）がイスから立ち上がった。ツルツルにそり上げたスキンヘッドが、いかにも怖そうだ。が、ちょい待て。何だか、酒臭くないか？

「むふ、わかるか？　実は徹夜で飲んじゃってよ、一睡もしてねーんだよ。まだフラフラするぜ」

地上監視、ええ仕事です

建物の中とはいえ、ゴンドラの作業高度は最高で90メートル以上。見てるだけで嫌な汗が…

「…………」

作業が始まった。Xビル内部は中央が1階から最上階まで完全な吹き抜けとなっている。作業員はゴンドラ2台に分乗し、一方は外壁の窓を、他方はその吹き抜けのガラス壁を磨いていくらしい。

聞いただけで脂汗が出てくるが、幸い、私に与えられた任務は、屋内での地上監視だった。早い話が、立ち入り禁止の柵を張り、そこでただ突っ立っていればいいという実にラクな仕事である。

北村も言うように「いくらなんでも、いきなり新人に高所作業はさせられない」ってことなんだろう。ほっ、助かった。

ゴンドラは最上階から1階までを1時間かけて下り、終われば横に移動し、また最上階から順に清掃していく。初日は、この動作を計5回眺めていただけで、無事終わった。昼食時と午後3時にたっぷり休憩を取ったおかげで疲労感もない。

これで日給8千円はかなりオイシイのう。このまま、ずっと地上監視で十分っす。

体が吹き飛ばされそうな強風がビュービュー

3日地上監視が続き、もはや上にあがることは無いのかもと期待した4日目、北村リーダーから、ついに高層階の採光窓清掃を命じられた。採光窓はゴンドラが使えぬ場所にあり、自然、作業は外の小さな足場で行うことになるらしい。怖ぇ~よ!

「とりあえずオレが手本見せるから、しっかり覚えろよ」

言うや否や、安全ベルトのフックをロープに引っかけ、窓から飛び出す北村。まずは洗剤に浸したハンディモップでガラス面の汚れを浮き立たせ、手際よくゴム製のハケで汚水を取り除く。仕上げに雑巾で拭くと、表面が見違えるようにキレイになっていく。ワオ。さすがこの道8年、惚れ惚れするような熟練芸である。

「いいか、この一連の動作を業界用語でカッパぐと言うんだ。汚水の取り残しは目立つから、丁寧にやるんだぞ。んじゃ、そこの窓から出てきて」

「ハ、ハイ」

答えたものの、足がまったく動かない。窓の外は、地上約80メートルの高所。おまけに足場は幅1メートル足らずと狭く、柵も手すりもない。そんなデンジャラスゾーン、ほいほいと行けませんて。

「おい、ナニやってんだ和田ぁ、仕事は敏速にやれよ。日が暮れちまうぞ」

採光窓清掃では、安全ベルトが不可欠。
風が強いのなんの

くっそー、もうヤケクソじゃい。うおりゃー！

意を決して足場に下り立つと、ウギャー！　体ごと持っていかれそうな強風がビュービュー吹き荒れている。下界では、豆粒より小さな車がゆっくりと動いているのが見えた。

胃液が一気に逆流しそうなこの状況下、私は夢中でカッパぎ始めた。逆側の窓を担当している北村が「水の跡ついてるじゃねーか」だの「センスねーなー」だの、ボロカス言ってるけど、構っている余裕は微塵もない。

「オマエ、何だよさっきから。言ったとおりちゃんとやれよ！」

10枚ほどガラスを磨き終わったところで、ついに北村がキレた。

「仕事ナメてんのか？」

「す、すいません」

「…あのさ、もしかしてアレか。高いところが苦手なんじゃないだろうな。ヒザが笑ってんぞ」

「いや、違いますって。さ、寒いだけですよ」

「ったく、しっかり頼むぞ！」

怒鳴られるわ、泣きたいわの連続で、終業時には頭がクラクラ。

経験したことのない疲労感をたっぷり味わい、その場にへたり込む私であった。

見かけによらず、ショッパイねぇ

翌日からはまた地上監視役を命じられた。恐らく、私のへたれっ

食欲ゼロだが、無理やり飯をかき込む

ぷりに呆れたからなのだろうが、こちらとしては大歓迎。むしろラッキーである。

だが、神はどーしても試練を与えたいらしい。

「和田ぁ、ゴンドラに乗ってくんねーか。人手が足りねーんだわ」

北村リーダーが私の肩を叩いておっしゃる。

「でも、地上監視は誰がやるんすか？」

「今日だけ人材派遣会社から素人を呼んでるんだ」

もしもーし、オレも立派なド素人なんですけどぉ。

乗り込むことになったゴンドラはXビルの吹き抜け用のもの（3人乗り）。作業高度はマックスで地上95メートルもあり、チビるには十分過ぎる高さだ。

予想通り、てっぺんの30階からゴンドラへ飛び移った瞬間、心臓が破裂しそうになった。

わかっている。体は安全ベルトで括りつけているし、ゴンドラの吊りワイヤーもソートー太い。よほどのことがない限り落ちることはないと頭の中ではよーくわかっている。

しかし、北村の操作でゴンドラがウィーンと動くたび、つい「ああんっ！」と悲鳴が出てしまう。

「見かけによらず、ショッパイねぇー」

隣で作業するオタク風のスタッフにまでナメられた。でも仕方ない。怖いもんは怖いんじゃ！

ただ、唯一の救いは、怖いながらもカッパぎだけはちゃんとこなせるようになったことか。深呼吸し、極力視線を上に向けるだけで、パニック状態は収まる。

「おう、どうしたんだ。えらく調子いいじゃねぇーか。カッパぎ残しもほとんどないし、やればできるじゃん」

その日の帰り、北村が飲みに誘ってくれた。少しは認めてくれたんだろうか。北村さん、オイラ、明日もゴンドラに乗ります。またビシバシしごいてやってください。

「あ、忘れてた。オマエ明日から当分、Xビル来なくていいから」

「はい？」

「なんかルート現場の方が忙しいみたいでさ、そっちに回してくれって会社から言われてたんだ」

「………」

緊張のあまり股間にシミが……

翌朝8時、気分新たにZ社へ足を運ぶ。直行直帰が可能な常駐現場とは違い、ルート現場の場合は、いったんスタッフが事務所に集合。清掃依頼のあった各ビルへ分散するらしい。

本日、私が向かうのは日本橋の8階建てオフィスビル。作業人員は3名で、うち2人は窓清掃、私はまたも地上監視である。

のっけから戦力外のような扱いだが、これはある意味仕方が無い。

小規模なビルではゴンドラを使うことが稀で、大半の場合、作業員は屋上から垂らしたロープにぶらさがってカッパがなければならない。技術的なことはともかく、かなりのクソ度胸がなければ不可能な芸当。通常、1カ月未満の新人がやらされることはないのだ。

あまりの高さにへっぴり腰の私。
先輩、ご苦労さんです

実際、地上から見ていても、右へ左へ体を振り、外壁の上を自由自在に移動する様はまさにスタントマンさながらで、終始ドキドキしっぱなしである。

もっとも、私自身はXビルのときと同様、地上でカラーコーンを並べ、虎ロープ（黒&黄色のロープ）で立ち入り禁止エリアを設ければ、他にやるべきことは何もない。時折、先輩スタッフの目を盗んでは、メールをやりーの、缶ジュースを飲みーの、好き勝手に遊ばせていただいた。

高所恐怖症の男があれだけ体を張ったのだ。ライターの仕事としてはもう十分。あと数日テキトーに稼いでから、フェイドアウトしてしまおう。むはははは。

その2日後、下町のとある商業ビルを訪れた。現場作業員は3人。私は例によって地上監視係である。

昼休みが終わってまもなく、スタッフの1人が突然体調不良を訴え出した。何度もトイレに行ってはゲロを吐き、とても仕事にならない。結局、彼はそのまま早退してしまった。

「参ったなぁ。ここは今日中に終わらせないとヤバイんだよなぁ」

リーダーの森口さん（41才）もかなり困惑気味である。なんだかイヤな予感…。

「なあ、和田。今日だけでいいからロープやってくれよ」

ロープは屋上の専用ループに縛り付けて使う。作業中に解けると当然、真っ逆さまに落ちてしまうわけです、はい

ロープ作業をさせられたビルの屋上からパチリ。見よ、これが地上24メートルの高さだ！

「え～!?　ムリムリムリ。オレできませんって。他の人呼べばいいじゃないっすか」

「いや、会社にはとっくに電話したんだけどよ…」

何でも、今日に限ってどの現場でも人員がギリギリで、どうにも手配が回らないらしい。

「頼むよ。オレ1人じゃとても終わんねーしさ。な？」

「ムリっすよ、マジで！」

森口さんは聞き分けの悪い男だった。何度拒んでもあきらめる気配がない。どころかますます依怙地になって迫られたら、もう観念する他ない。んも～、どうにでもしやがれってんだ。

地上24メートル（8階建）。屋上から下を覗くと、全身の毛穴から汗が吹き出してきた。

「和田、オレは逆側からやるから、そっち頼んだぞ」

ロープの扱い方、降下の手順、安全装置の扱い等は頭に入っている。あとは勇気だけ。ビルの外壁にしっかり足を押しつけた私は、ロープに括りつけられたブランコ板にゆっくりと腰を下ろした。

体重が完全にブランコ板に乗ったことを確かめ、降下スタート。足が宙に浮いた状態で、生きた心地がしないが、それでも慎重に窓ガラスをカッパいでいく。自分の呼吸音がやけにうるさい。

最大のピンチは、6階から5階への移動時に起きた。突然、強風が吹きロープが大きく左に揺れたのだ。

〈うぅぅぅぅぅぅわぁっ!〉

筆舌に尽くせぬ恐怖とはこういうことを言うのだろう。心臓がロケット弾のように胸を突き上げ、頭の中も真っ白。気を失わなかったのが不思議なくらいである。

「ぎゃははは、和田、それ何だよ、カッコわりーな、ぎゃははは」

2時間後、どうにかこうにか作業を終え、地面にうずくまっていると、森口さんが顔を真っ赤にして笑い出した。視線が、私の股間に釘付けになっている。

シミの部分を手で隠し、私はその場で退職願いの電話をかけた。

寿命が10年縮まりました

鉄骨鳶

足を踏み外したら即死です…

求人情報源
肉体労働系の求人誌

バイト期間
4日間

待遇
日給1万円

きついお仕事12

前回『高層ビルの窓ガラス清掃』で、さんざん恐怖を味わったはずなのに、もう高いところでの仕事は懲りたはずなのに、鬼の編集担当フジツカは非情にも言うのである。

「今度は鳶やってよ」

またも私を命の危険にさらそうという魂胆らしい。アンタはSか。それとも、苦渋の顔で首を縦に振る私がMなのか。つーか、死んでもしらんよ、ホント。

数ある鳶の中でも最も過酷な鉄骨鳶

その肉体労働系求人誌のページには、鳶と名のつく求人が100件ほど載っている。中から未経験歓迎で自宅からも近い事務所を探してみたところ、1件、いいのが見つかった。

【守山工業（仮名）　人事担当／守山】

社名と人事担当の姓が同じってことは、社長自ら電話の応対をしてるのだろう。かなり小さな会社のようだ。電話で面接の予約を入れ、待ち合わせ場所のコンビニ前へ。約束の時間より5分前に現れた守山さんは肉体労働者を絵に描いたようなおとっつぁんだった。歳のころなら50半ばで、ボディはがっちり。フケ専ゲイ雑誌のモデルに見えなくもない。

「オメーが和田ぐんか。ワシもむがーし、バイク乗ってたべ。まぁ事務所はすぐ近所だからづいてけ（ついてこい）」

東北弁丸出しの守山社長に面食らいつつ、案内されたのは、自宅兼事務所の一室。TVのワイドショーが大音量で鳴り響く中、面接が始まった。

「実はな、今週はもう仕事がねぇんだわ。だば、来週からの出勤になるけんど、それでもええが？」

「あ、はい。てか履歴書は出さなくていいんですか？　一応、持って来たんですけど」

「あー、そうだった。見してくれ見してくれ」

そう言いながら履歴書には目もくれず、社長は説明を始める。8時〜17時の8時間労働（昼休憩あり）で、日曜祝日のみ休み。給料は日給1万円からスタートし、一人前になれば1万5千円以上。まれに仕事のない日が続くらしいが、条件は悪くはない。

ちなみに、一口に鳶といっても足場鳶、機械鳶など、作業内容によって呼び名が変わるそうで、守山工業の専門は鉄筋建築の骨組みを組み立て、かつその周りに足場も作る鉄骨鳶。数ある鳶の中でも、最も過酷らしい。

「仕事が始まるまでに、七分の作業ズボン、安全靴、皮軍手を用意しどけ。他の道具はタケーからよ、ウチの貸してやっぺ。カネが貯まったら、自分で少しずつ揃えていけばいいわ」

まったくの初心者でも経験年数「1年」

初出勤日は朝から快晴だった。バイクを運転し、7時半に葛飾区の大型マンション建築現場に到着する。予定より30分早くやって来たのは、新規入場者教育（建築現場に最初に勤務した日に行われる安全確認や注意事項、

こちらが仕事の七つ道具

書類記入のこと）があるからだ。

　この日、守山社長は別の仕事で不在。とりあえず、教えられた責任者の番号に電話をかけてみると。

　ピピピピピ。

　発信した途端、すぐそばで、ケータイの呼び出し音が鳴った。ん、もしかして目の前の大男が…。

「あ、すみません。今日初出勤の和田ですけど」

「おまえか。職長（守山工業の現場責任者）の太田だ」

　プロレスラーの蝶野正洋そっくりの顔が振り向いた。

「よ、よろしくお願いします」

「…小せぇ」

「はい？」

「声が小せぇ！　もっとシャキシャキ話せ！」

　で、出たぁ、私のもっとも苦手な体育会系タイプ。ガラもワルそーだし、なんかヤな予感…。

「おい、この書類にオマエのプロフィール書いておけ」

　蝶野が1枚の用紙を手渡す。住所、氏名の他に、身長、体重、血液型、血圧などの項目が並んでいる。何でも、高所から落っこちた際、救急隊員が参考にするらしい。自分の血圧なんて知らねーって。

「テキトーでいいんだよ」

　テキトーじゃイカンだろと思いつつ、蝶野に急かされるまま、空欄を埋めていく。ただ、鳶の経験年数を書く

初の現場は大型マンション。

完成時には18階建になるらしい

欄だけは1年と詐称するよう指示を受けた。この現場、初心者の職人の出入りを禁じているらしい。

「よし、これで新人教育は終了な。仕事始めっぞ！」

「ええ？　まだナニも教えてもらってませんけど」

「そんな面倒くせーことイチイチやってられっか、タコ」

不安感で押しつぶされそうになりつつ、連れて行かれたのは資材置き場。10メートル四方のエリアに足場用の板や鉄パイプなどが無造作に置いてある。

「もうそろそろ鉄骨が運ばれてくるからよ、バタカク全部こっちに持ってこい」

え、バタカク？　イカれたタクシーのことかしら。

「バタカクも知らねぇのかよボケェ！　これだよ、これ！」

目の前に大きな材木が1本、ブンと唸りをあげて飛んできた。危ねぇって！

この後も「バンセン」（太い針金）だの「レバー」（工具の名前）だの業界用語を連発し、私がわからない顔をする度、蝶野はギャーギャー文句を垂れた。普通に話せないのかよ、ったく。

全身ボロボロで普通に立ってられない

鉄骨鳶の仕事は大きく下と上にわけられる。下とは文字どおり、地上班のことで、資材の運搬と足場の組み立てが主な役割。上は高所で鉄骨を固定する建方を指し、当然、ビギナーの私は下を命じられた。それも、他の作業員のようにトラックで運ばれた鉄骨をクレーンで上方に吊り上げる難儀な役ではなく、ハンガーという足場板の固定パーツをボルトで締めていく単純作業だ。

資材と鉄骨でぎっしりの地上は目が回るほど忙しい

新米の私は地上で地味ぃ〜にバンセン切りっす

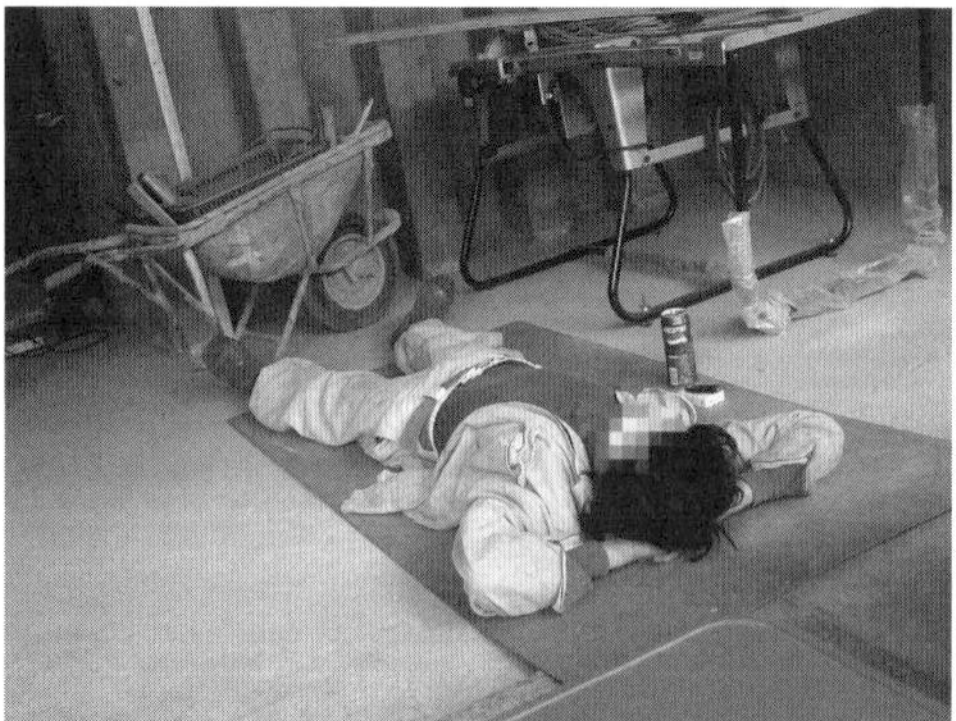

昼休みは爆睡をかますのが鳶の作法らしい

これならラクショー…なワケがない。ことあるごとに「もたもたすんなー！」「ハンガー用意するのが先だろ！」と蝶野から大声が飛んでくる。焦れば焦るほど、失敗をやらかす悪循環に陥った。

最悪だったのは、先輩作業員に言われ、資材置き場へボルトの補充に向かったときだ。

「ボォォォケェェ！　死にてぇのかぁコラ！」

ヘルメットの上から、いきなり蝶野の拳が降ってきた。クレーンが鉄骨を吊り上げている真下を、ぼんやり歩いていたことが逆鱗に触れたらしい。

「おい、積み荷の下を歩かないってのは常識だろうが！」

「す、すいません！」

昼休みの後は10キロ以上の資材をあっちゃこっちゃ運んで回り、それが終われば、足場の組み立てに取りかかる。もう休む間もなし。常時フル可動だ。

夕方5時を迎えたころには、体はボロボロになっていた。手足の筋肉は、ブチブチ音をたてて痛みだし、腰には大きな血豆が。重たい道具ベルトが左右に揺れるたび、皮膚を激しくこするのだ。

体には、資材に打ち付けてできた青タン。もはや普通に立ってることすらままならない。自宅にたどり着いた途端、私は泥のように眠った。

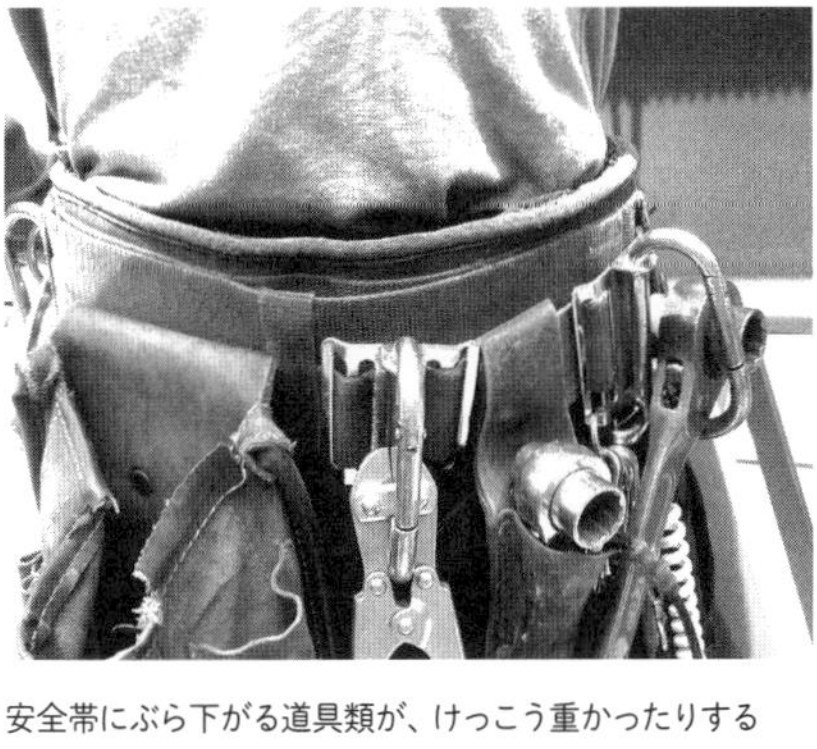

安全帯にぶら下がる道具類が、けっこう重かったりする

オレが落ちたら、誰が受け止めてくれる？

「お、よく来たなお前。てっきり逃げたと思ったぜ」

翌朝、筋肉痛の体を引きずり引きずり昨日と同じマンション現場に向かうと、蝶野がニヤニヤ口を開いた。はぁ～、また今日もドヤされんのかよ。

安全ネットは、成人男性1人分の体重ならラクショーで耐えられるらしい

いや、ドヤされるだけならマシだった。午前中、相も変わらず資材運搬と足場の組み立てに駆り出されぶっ倒れていると、突然ヤツがやってきて言うのだ。

「よう和田、午後からはオマエも上で仕事しろ」

「え!?」

「下の仕事はもうねーんだよ。鉄骨は全部積み上げたし、足場も組んじゃったからな」

聞き終わらぬウチに、脂汗が出てくる。なんせ作業場のてっぺんに行くには、すでに完成している8階部分（全18階建）を階段で上り、そこからさらにジャングルジムのような鉄骨を素手でよじ登らなくてはならないのだ。

フーッと深呼吸を二度繰り返し、腹を決めた。まずは安全ベルトのロープで体を固定させ、ゆっくりと鉄骨を掴んでいく。その恐怖たるや『高層ビルの窓ガラス清掃』以上だ。

「遅いぞ和田。まだそんなとこにしがみついてんのかよ」

ずっと上方から、先輩職人の怒鳴り声が耳に届いた。

「す、すいませーん、もう少しで行きますんで！」

「おう。でもあんまムリすんなよ。足踏み外したら即死だかんな」

…即死って。勘弁してよ！

10分後、泣く泣く最上部へたどり着くと、蝶野が大量の網を手渡してきた。

「オマエはこの安全ネットを各所に張ってこい」

安全ネットとは、高所作業中、作業員の落下を防止するための道具らしい。なるほど、そんなステキなモノがあったのか。こりゃ安心安心…ってちょっと待て。つーことは、それを張るオレが落ちたら、誰が受け止めてくれんだよ。ヤバヤバじゃん。

「滅多に落ちねーから、早くやれバカ野郎！」

肉体労働者ってのはなぜこうも気が短いのだろうか。滅多にでも、落ちたら終わりじゃんよ。

ヘルメットの上から思い切り頭をド突かれた後、私は大量の安全ネットを両腕に抱え、作業に取りかかった。

仕事はネットの四隅についたヒモを1つずつ鉄骨に括りつけていくだけなのだが、ネットが1辺15メートルと巨大なため、思うようにはかどらない。油断すると、体ごと持っていかれそうだ。高所での恐怖と責任感に押しつぶされそうになりながら、私は懸命に取り組んだ。

普通高校卒業かよ。インテリじゃーん

死ぬ思いでネット張りを終えても、仕事は後から後からやってくる。鉄骨の梁《はり》（柱を補強する部品）の取り付け、溶接補助、ボルトやクランプの固定等々、とにかく高所を動き回る作業ばかりで神経の休まるヒマがない。むろん、蝶野の手と足を使った手荒な指導は、作業中ずっと続く。ああ、もう辞めてーよ。

午後5時、ようやく仕事終了。ここで予想外のことが起きた。みなが、これから居酒屋で一杯やらないかと言うのである。おお、もしかしてタダ!?

「ウチの会社は入社2日目に新人の歓迎会をやるのが恒例でよ。和田、うれしいだろ」

事務所近くの居酒屋で、私服に着替えた蝶野が、コップにビールを注いでくれた。

にしてもアンタ、その格好はどうなのよ。長めのパンチパーマ、金のネックレス、柄シャツ。他人が見れば、どっからどう見てもその筋の人間じゃん。

他にも、シャツの袖から牡丹と龍の足を覗かせる者、顔中ピアスだらけの者、眉毛がマッチ棒より細い者など、強面メンツがオンパレードで、他のテーブルを無用に威嚇している。

「おい、新人！　せっかくだし、立って自己紹介しろよ」

3つ年下の先輩、若宮が私の背中をはたいた。暴走族くずれか知らんが、クソ生意気なガキである。

「はい、わかりました。えー、和田です。24才独身で…」

しゃべってるそばからガヤガヤ笑い声が上がる。私の提出した履歴書をわざわざ事務所から持ってきて、回し

見ているのだ。

「オマエの証明写真、なんだこりゃ。ギャグじゃん。こんなんじゃ女もできねーぞ」

「おお、普通高校卒業かよ。和田ってインテリじゃーん」

騒々しくも和やかな宴は、2時間後、蝶野の脱げ脱げコールで私と他2名が素っ裸で踊り狂い、店長に退店を命じられたところでお開きと相成った。正直、スゲー楽しかった。こんなバカ騒ぎは久しぶりである。

「蝶野さん、今日はありがとうございます」

「おう、明日からまた頑張るんだぞ。んじゃ3千円」

「はい？」

「飲み代、割り勘だから」

…オッサン、ソレ、歓迎会ちゃうがな。ただの飲み会やん。

上からハンマーを落としちまった！

みなと酒を飲み、腹を割って語り合ったことは大正解だった。翌日、これまで仕事中、ほとんど話しかけてこなかった諸先輩方が、気さくに声をかけてくるようになったのだ。

和田、ボルトは先に両サイドを固定してから真ん中を締めろ、缶コーヒー一緒に飲もうぜ——。揃って口の利き方は荒いが、仲間として認められたようで何だかうれしい。

さて本日与えられた仕事は、昨日に引き続き、梁の取り付け。ぶっといボルトを梁と鉄骨の穴に差し込み、機械で締めていくのだが、面倒なのは、2つの穴がなかなか重ならない点だ。

こういう場合は、蝶野に教えられたとおり、ボルシンというクギ状の道具を穴にねじ込み、ハンマーでガンガン打つ。と、ほらこのとおり、穴のズレが調整され、ボルトがすんなり入る。ふふ、オレの手際もだんだんマシになってきたのう。

「和田！　こっち来い」

鉄骨鳶は縦横無尽に駆け回らなければならない。恐ろしい仕事だのう

小一時間作業したところで、若宮の怒鳴り声が響いた。なんだよ、クソガキ。

「誰がこんな風にボルトを締めろって言った？　脳ミソ大丈夫か、オマエ」

「え、間違えてます？」

「ワッシャーはボルト側に付けんの。オマエ全部逆になってんじゃねーか。殺すぞ」

そんな地味なミスどっちでもいいじゃん。てか、オマエこそ年下なんだしさぁ、もっと言い方に気を使えよ。

「…なんだよ、そのツラ。文句あんのか？」

「いや、あはは、そんなやだなー。すぐ直しますんで！」

くそ、死ねよ若宮。

4日目の現場は、墨田区の大規模マンションだった。持ち場は上で、またもやネット張り。他の高所作業は何とか慣れてきたものの、これだけは足の震えが止まらない。

鉄骨をよじ登っている私の耳に、ドーンという轟音が飛び込んできたのは、2枚目のネットを取り付け終わった直後だった。驚いて下を見ると、地上で数人の作業員がもの凄い剣幕で怒鳴っている。どうやら、私の腰袋からハンマーが抜け落ちたらしい。ヤバ、やっちまった…。

「クソボケェエ、もうちょっとで死人が出るとこだったんだぞ！」

額に血管を4本浮かべた蝶野に、思いっきり頬やミゾオチをブン殴られた。それも1発や2発ではない。30分間説教を聞いている間、ずっとである。

工事現場では作業員が1人でも事故死すれば、その会社は以後出入り禁止となるらしく、蝶野の怒りは十分納得できるのだが…。

もう限界っす！

交通誘導警備員

地獄の研修4日間。なのに、仕事は1日ボーっと立ってるだけ

求人情報源
アルバイト求人誌

バイト期間
研修4日間+
勤務4日間

待遇
日勤　8500円
夜勤　9500円

春のある日、友人4人と車で伊豆の温泉に出かけ、帰りに大渋滞にハマってしまった。高速代をケチり下を走ったのがイケなかったらしい。

渋滞の原因は片側車線の道路工事だ。警備員の誘導で両側の車が交互に通らねばならず、なかなか前へ進まない。レンタカーの返却時間が迫っている。いつまで待たせるんだ!

恐らく初心者なのだろう。その警備員はオロオロするばかりで、同僚が振っている白旗にまったく気づいていない。ほら、もう行っていいんだよ。そこどけよ。

「そんなに怒んなよ。あのおっさんだって仕事でやってんだからしょーがないじゃん」

運転手の友人が見かねてたしなめる。そうだな。イラついても仕方ないか。

少し落ち着いたところで、ふと思う。交通誘導警備員。ラクそうな仕事やのう。なんせ、ずーっと同じところに突っ立って、ハタ振りしてりゃいいんだから。で、カネはいくらもらえるんだ? なんならオレ、やってみてもいいぜ。

やる気ないヤツは今すぐ帰ってもらう

求人誌で見つけたX社に面接へ行き、諸々の条件が判明した。基本は朝8時から夕方5時までの8時間労働(1時間休憩)で8500円(午後7時からの夜勤は9500円)。残業の場合は、1時間につき1400円支払われるらしい。支払い日は毎週木曜日とのことだ。

軽く面接をパスし、3日後の午前10時、渋谷区にあるX社の研修センターへ。何でも、警備員になるには新任研修が法律で義務付けられており、4日間で学科と実技訓練をそれぞれ15時間ずつ行うらしい。

センターは明治通り沿いの古びたビルの4階にあった。すでに10数名の研修生が席に着いている。学生風の若者が3人、他はみんな中年のおっさんだ。リストラ組だろうか。

「おい、オマエ。何してんだ、早く席に座れ！」

ボケーッと部屋の入り口に立っていると、いきなり角刈りの男にドヤしつけられた。左腕の腕章には『教育長』と書かれている。まだ30そこそこながら、見るからに怖そうだ。

想像通り、小川というその教育長の研修は実に厳しかった。午前中は警備法、道路交通法、刑法など関係法令の勉強。その間、ちょっとでもよそ見しようものなら、

「おい、コラ！　ちゃんとノート取れ。やる気ないヤツは今すぐ帰ってもらうぞ」

年輩の研修生でもまったく容赦はない。「机にヒジをつくな」「返事が小さい」などと、終始注意が飛び、ヘルメットを被っての『回れ右』『左向け左』の練習では、少しタイミングがズレただけで、耳元で怒鳴りつけやがる。

おかげで昼休みを迎えたころにはもうグッタリ。他の連中もエライとこに来たという後悔がありありで、事実、何人かは早々にリタイアし、帰っていった。

休憩が終わると、屋上へ向かうよう指示が出た。そこで工事車両の誘導訓練を行うらしい。

研修センターの教室。ここでお勉強をさせられる

小川教育長に基本的な動作や合図を一通り教わり、すぐに実践開始。3人目で、私の番がまわってってきた。

「はい、バック誘導します。ドライバーさん、合図確認のため、車窓を開けてください」

言いつけどおり大声を張り上げ、車役の研修仲間を2つの赤いコーンの間に誘導する。けっこう簡単じゃん。

そう思った瞬間、教育長の手が飛んできた。

「バカ野郎。手をしっかり振って合図しろって言っただろ。ちゃんとやれ」

その後も、少しでも動作を間違えれば、脇腹を小突かれ、ケツを蹴られてと散々。クソッ。ここは自衛隊かよ！

キミに前科がないか調べなきゃいけない

翌日、筋肉痛の体を引きずり、センターへ向かうと、出席者が昨日の4分の3ほどになっていた。当然だ。私だってこの連載がなければとっくにオサラバしているに違いない。

「ホント、ここはちょっと酷いね。ワシ、前は別の警備会社にいたんだけど、そんときは研修もビデオ見て終わりだったよ」

席に着いた途端、昨日帰り道で一緒になった男が隣から話かけてきた。

「ですよねぇ。オレも今朝来ようか迷いましたもん」

「キミもか。あの教育長、もう少し優しくならないもんかね」

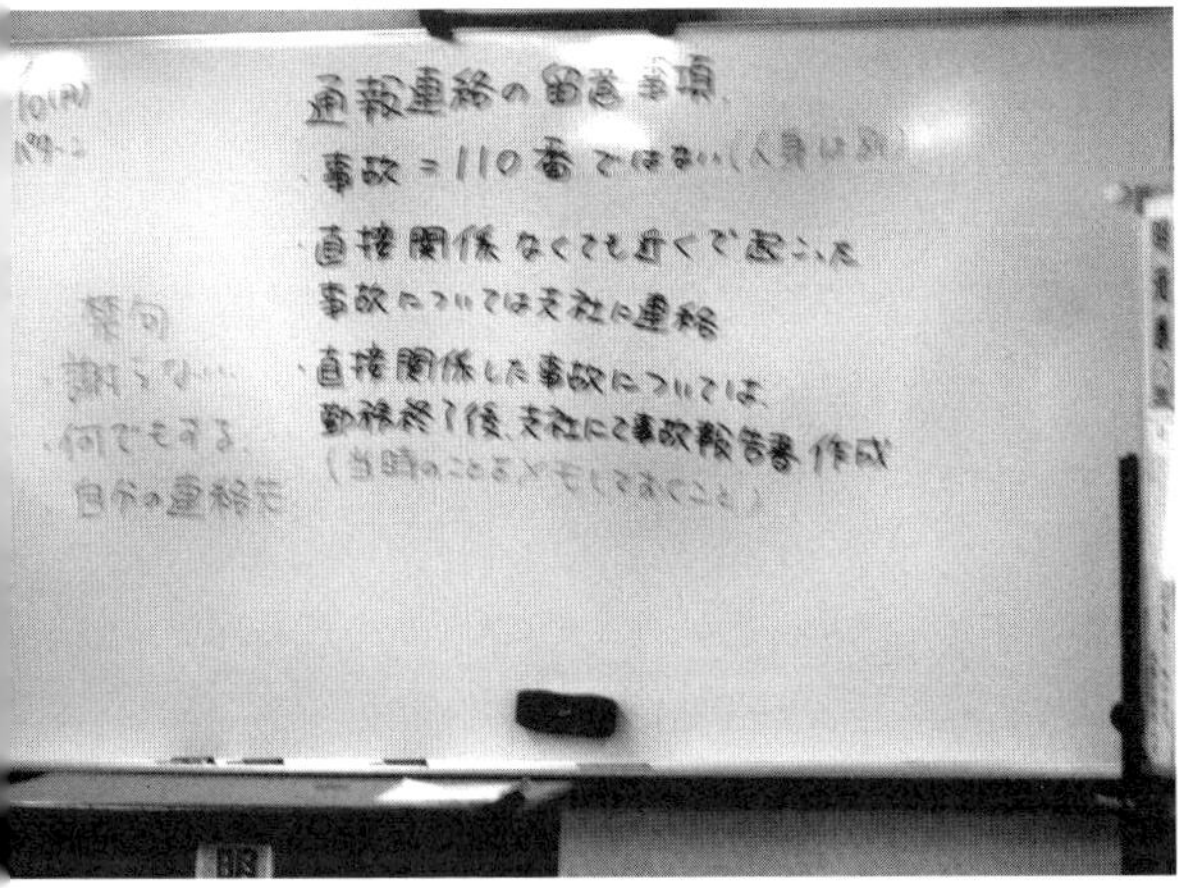

法令関係の法律がやたら出てきます

愚痴ったところで、小川のシゴキっぷりは変わらない。その日も、覚えの悪い研修生をケチョンケチョンに罵倒し、ときに暴力を振るう。まったくもって、チンカスな野郎である。

ちょっとした事件が起きたのは、午後の実技訓練のときだった。

「痛いじゃないですか！　なんで殴るんですか、アナタは」

声を荒げているのは、40代後半と思しきオヤジ。四十肩のせいか、腕が顔より上にあがらず、先ほどから何度も小川にぶたれていた。とうとうキレたか。いいぞいいぞ。もっと言ってやれ！

「やりすぎですよ」

「オマエがちゃんと言うこと聞かないからだろう」

「私は肩が痛いって言ってるじゃないですか！」

しかし、攻勢もここまで。小川は冷たく言い放った。

「じゃさっさと帰れよ。辞めちまえ。腕もロクに上がんないヤツは使えねーんだよ」

「…………」

何も言い返せず、弱々しく教室を去るオヤジ。私たちはただ黙って見ている他なかった。

ともあれ、こんな調子で地獄の研修は続き、ついに4日目、私は終了の日を迎える。ふう、長かったなぁー。

肩の荷を下ろしたのも束の間、X社の事務員が妙なことを言う。過去5年間の職務経歴書を提出せよというのだ。はあ？　何のタメによ？

「キミに前科がないか、調べなきゃいけないんだよ」

何でも、5年以内に禁固刑以上の刑罰を受けた者は、警備業法により働けず、その裏付け調査のため、過去の職場に在籍確認を取るのだという。

それはまあいいんですけどね、あのワタクシ、何と言いますか、これまで就職したことがないんですよ、はい…。

「だったら、アパートの大家さんと友人の連絡先でもいいよ。あと他にも…」

住民票、本籍地の役所発行の身分証明書、顔写真4枚、指定銀行の口座、免許証のコピー、契約書等々、提出すべき書類が10枚。実に面倒くさい。

X社から確認完了の連絡が届いたのは、それからさらに1週間後のこと。同時に翌日から、仕事に出てもよいと許可が下りた。

はぁー、かったりー。面接合格から出勤まで実に15日間も要すなんて、ありえんぞ。

初出勤であわや追突事故!

初の出勤先は、八王子郊外にある団地の修復工事現場だった。

午前7時30分。事前に教えられた休憩所には、すでに12名の警備員が待機していた。大規模な工事のようだ。

「今日初日の和田君だね。キミの担当場所を教えるよ」

挨拶をかわす間もなく、年長の警備員と工事現場の外へ。連れていかれたのは、まったく人気のない歩道だった。

「え、ここですか?」

「うん。今からこの内側で作業があるから、ここで立哨《りっしょう》してて」

立哨とは、同じ場所でずっと監視・警戒に当たること。早い話、ただ突っ立っていればいい。

「でも、ときどき付近の住人が通るから会釈だけは忘れずにね」

「はあ」

こんなところで警備する意味があるのでしょうか？

意外に思うかもしれないが、地域住民とコミュニケーションを計るのは、警備員の大事な仕事の1つ。「こんにちわ」「うるさくて申し訳ありませんね」と言うだけで、近隣からのクレームを抑える効果があるらしい。

にしてもヒマやのお。確かに10分に一度、通行人を誘導する以外、なーんもやることがないじゃん。あれだけ研修でしごかれたっつーのに、やる気なくすわぃ。

「和田クン、ヒマ疲れしたでしょ。午後から違う仕事でもやる？」

私の退屈そうな顔でも見たのか、昼休み、年長さんが言う。現場のすぐ側に工事車両がしょっちゅう出入りする交差点があるので、練習がてら車両誘導をやってみたらどうかと。

願ってもない話。メシを食った後、私はやる気マンマン、現場へ向かった。しかし、

「おいコラ！　危ねーじゃねーか。向こうから車来てるのに進ませんじゃねーよ！」

交差点に入った途端、トラックの運ちゃんに死ぬほど怒鳴られた。想像以上の交通量にマゴマゴし、つい対向車を放置。あわやその車がトラックと衝突しかけたのだ。

「すみません。申し訳ないです」

「オマエ、危なっかしいから、他のヤツに代われ！」

で、歩道へ逆戻り。やっぱりオレ、ボーっと突っ立てる方がいいっす。

初めてのトラック誘導。けっこう楽しいかも

翌日は午前8時、大都会新宿のビル建築現場へ。今日も仕事は立哨だ。

ただしこの現場、やたら生コン車や貨物トラックの出入りが激しい上に、警備員は私を含め2名だけと聞いている。誘導をやらされる可能性が大きく、ちと不安だ。

「オマエが新入りか。会社から聞いてるぞ。オレはこの現場に常駐してる井上だ」

プレハブ小屋で警備服に着替えていると、大柄な男が中に入ってきた。歳のころ40代後半。気のいいおっさんという感じだが、この道15年のベテラン警備員らしい。あ、和田です。よろしくお願いします。

「おう。今日はちょっと忙しいかもしんないけど、頑張ってくれ」

井上さんと談笑しつつ、持ち場へ。お互い20メートルほど距離を置き、立哨を始める。まもなく、前方から大型の生コン車が向かってきた。うわ！

昨日の失敗を思いだし、カチコチになる私を制し、井上さんが素早く前に飛び出した。

「はい、ちょっとすいません！」対向車を赤旗で停めると同時に、生コン車へはバックでゲートへ入るよう指示。さらに歩行者にも、「ちょっとお待ちください」とフォローを忘れない。かっくいいー。

「和田。次はトラックが来たぞ。今度はオマエがやってみろ。見ててやっから」

「は、はい」

手本を思い出しながら、慎重に実行。井上さんが見守っているという安心感も手伝い、誘導は難なく成功した。

「簡単だろ?」

「は、はい」

この後は、私1人が誘導を担当した。いったん慣れてしまえば、テキパキとトラックに指示を与えられる。う〜ん、けっこう楽しいかも。

仕事してるんでしょ。マジメにやりなよ

午後6時。新宿の現場を上がった私は、ファミレスで軽く食事を取った後、下町の道路工事現場へと向かった。

ごくたまに工事車両が通るが…やっぱりヒマ

実はこの日、夜勤も掛け持っていたのだ。

水道管を埋める大きな穴の前での立哨。勤務時間が朝8時までってのが少々キツイが、同じ年頃のメガネ警備員が1人いるだけなので気楽は気楽。誘導の必要もなさそうだ。

「ねえちょっと、仕事中に何してんだよ。遊んでちゃダメじゃん」

夜10時。ヒマに任せて、友人にメールを送りまくっていると、いつの間にか、メガネ男が隣に立っていた。眉間にシワを寄せ、かなりお冠の様子である。

「あ、ゴメンゴメン」

「仕事してるんでしょ。だったらマジメにやりなよ」

「…はあ」

神経質な男である。メールくらいいいじゃねーか。

ケータイをポケットに入れ任務再開。シャキっと背筋を伸ばし、周囲に目を光らせてはみるものの、とにかく車も人も通らない。ヒマ、ヒマ、ヒマ。

やる気の出ないまま、任務終了。13時間ほとんど立ちっぱなしだったので、足腰がガクガクだ。はよ寝たいっす。

駅への道すがら、吉野家に立ち寄ると、メガネ男が豚丼をかき込んでいた。

「あ、どもども。お疲れさん」

「…キミさ、あんな適当な感じでやってたら、いつかトンんでもない事

みよ我が勇姿！

故を起こすよ」

「…………」

「キミとはあまり話したくないな。ダメなんだよね、ふまじめなヤツってさ」

ネチネチ嫌みを吐き散らすメガネ男。何なんだ、オマエはいったい。生理なのか？


中1日休みを取り、お次は某女子大の新校舎建築工事の現場へ。原稿の〆切の関係もあり、ここが事実上最後の勤務となる。

しかし、残念ながらここに書くべきエピソードはない。仕事はまたまた立哨で、期待した女子大生とのふれあいも皆無だった。ただただ日がな1日、校舎から遠く離れた路地で立ちつくしていたに過ぎない。

思うに、警備員とは世界で一番ヒマな仕事の一つである。ドラマチックな展開が好きな私には、まったく向いていなかった。

計4日間、立ってるだけで4万500円。これがオイシイと感じた人以外は、あまりお勧めできぬお仕事である。

ヒマすぎて死にそうです

きついお仕事14

新聞拡張員

500戸回っても契約ゼロの現実

求人情報源
新聞販売店へ
直接問い合わせ

バイト期間
5日間

待遇
完全歩合
(1契約あたり5000円〜)

「大将、お願いしますよ。この通りだから！」

東京・池袋。行きつけのラーメン屋の入り口で、見知らぬ中年男が店主のオヤジに土下座していた。歳のころは50代前半。額に刻まれた深いシワに哀愁が漂っている。おやおや、いったい何事じゃ？

「んなことされてもダメなもんはダメだって。早く帰れよ！」

「でも大将…」

「しつこいぞ、アンタ!!」

散々どやしつけられた中年男が、大量の洗剤やタオルを積んだ自転車にまたがり、トボトボと去っていく。なるほど、新聞の勧誘か。

うーむ、何だかシンドそうな仕事よのう。土下座した相手に、あそこまでケチョンケチョンにドヤしつけられるんだもの。絶対やりたくねーよ。

と思う一方で、お仕事体験人という我が立場を省みれば、まったく別の考えが脳裏をかすめたりもする。

〈辛そうだからこそ、やっとかなきゃイカンだろ、やっぱ〉

あんな薄ら寒い光景を見た後なので、テンションも下がり気味だが、ま、半義務的にがんばって参ります。

頑張れば月50万になるらしい

とりあえず近所の読売新聞の専売所に電話をかけ、初めて知った。

拡張員は、販売店所属の者、拡張専門の会社（通称・拡張団）所属の者と2パターンに分けられ、稼ぎたいなら拡張団に入るべきだという。

で、販売店のニーちゃんに教えられた拡張団に連絡したところ、

「すぐ働けるんだな？　だったら明日の朝10時半に事務所に来て」

ガラガラ声の男、いきなりコレです。明日から来いって、もう採用かよ。面接とかいいのかしら？

「この業界は、1日でバックレるヤツがめちゃくちゃ多いからな。いちいち面接なんてやってらんねーんだよ」

ほう。えらいテキトーですな。

翌朝、都内中野区にある拡張団の事務所へ。ドアを開けると、15畳ほどのワンルームの一角には長机が並び、10人以上の男たちが、ヒマそうに佇んでいた。

応対してくれたのは、拡張団の部長さんである。恰幅のよい体にチョビヒゲ&メガネ。インチキ臭さ満点のルックスだ。

「仕事はすごくシンプルだから。給料は…」

完全歩合制で、3カ月購読の契約を1件取ると、5千円。で、そのうち1千500円は、内金として即日支給される。他にも細かいオプションがいくつかあり、例えば、5年間一度も読売新聞を購読したことのない家と新規契約を結べば『プレミア』、さらに契約の翌日からすぐ購読を始めてくれる場合は『即入』と呼ばれ、ギャラがアップするらしい。

「とにかく頑張ってみなよ。稼げるヤツは月50万はいってるし」

チョビヒゲ部長はオイシイことを言うけど、逆に契約が取れなければ、1銭にもならんってこと。こりゃ気合い入れなきゃアカンぞ。

こいつに乗って各家を回ります

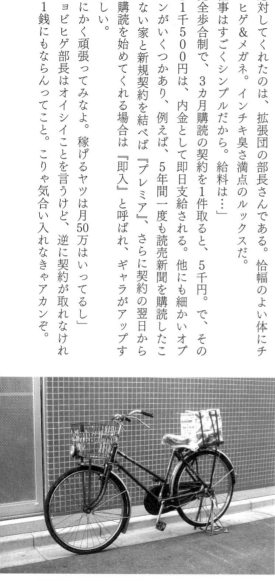

最初に派遣された杉並区某所の販売店。私の自宅から目と鼻の先にありビックリ

今日の個人目標を言ってみよう

「じゃあ、ちょっとあそこに座って待っててくれよ」

即日勤務が可能な私に、チョビヒゲ部長は長机の方を指差した。30分もすれば、すぐに仕事が始まるらしい。

席に着き、改めて他の拡張員の面々を見渡す。孫がいてもおかしくないオッサンばかりだ。平均年齢50才ってところか。拡張員というと、イカツイ連中をイメージしがちだが、実際、悪役商会に入れそうな強面はせいぜい1人か2人。むしろ大半は、温厚そうな人たちばかりだ。ちょっと安心である。

「ねえねえ、和田君だっけ。ジャイアンツは好きかい？」

向かいの席のハゲ親父が話しかけてきた。

「いや、すんません。野球あんまり興味ないんすよ」

「そっかー。でも、ここは読売新聞売ってるだけに、みんな巨人ファンなんだよ。今度全員で東京ドーム行くんだ。和田君もよかったら一緒に来たらいいよ」

この人、メンバーからは岡ちゃんと呼ばれている、拡張員歴20年のベテランである。シワシワの顔、ボロボロの歯、ズルズルの頭からは、何とも言えない味わい深さが滲み出ており、現在、拡張団の寮で暮らしているらしい。身寄りが1人もいないことは、後日聞いた。

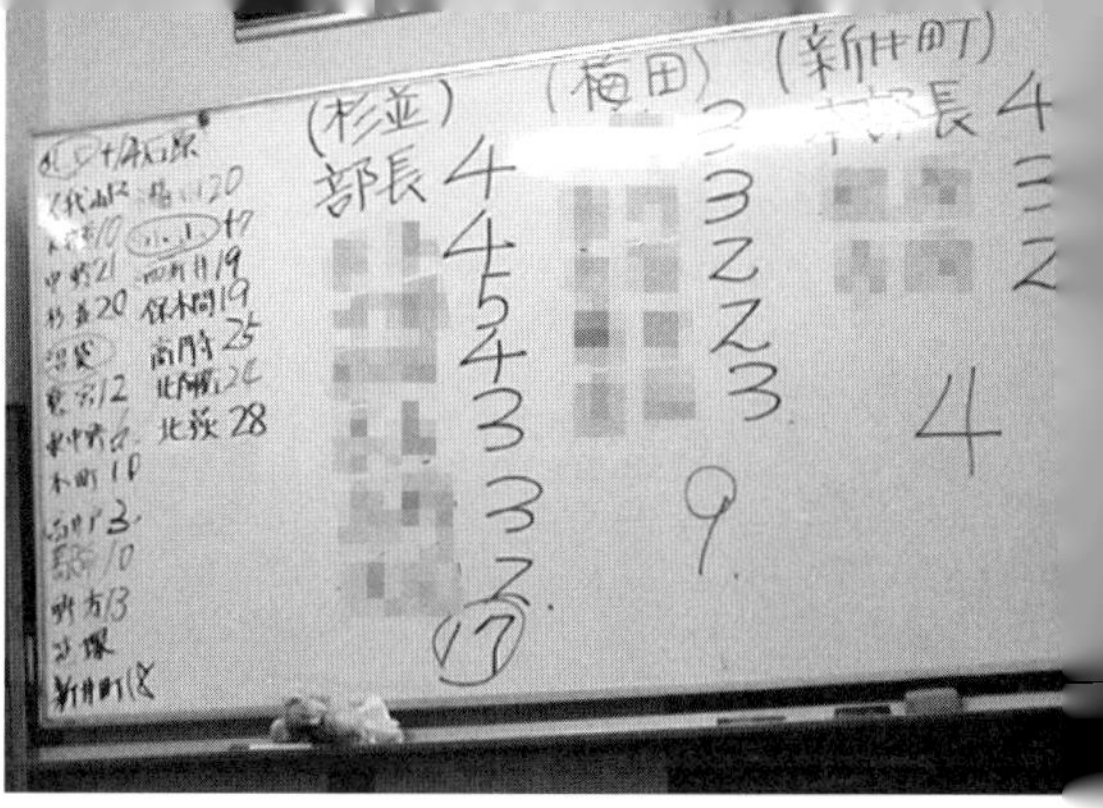

団員各自の目標契約件数は、ホワイトボードに書き出される。ちなみに私のは、左端（杉並）の一番下の数字「2」

「よーし、じゃあ今日もがんばっていこうか！」

午前11時過ぎ。チョビヒゲ部長の声で、緩んだ空気がピシッと締まった。いよいよ営業スタートだ。

「今日の個人目標を言ってみよう。まずは岡田！」

「はい。4件お願いします！」

チョビヒゲ部長に名前を呼ばれた者は、順番にその日の目標契約数を皆の前で発表していく。で、発表が終われば、全員が拍手。どこぞの営業会社でよく見かける光景だ。が、ちょいとサムイっす。

「じゃ新入りの和田。気張って言ってみよう！」

わ、いきなりかよ。まだ何にも教わってないっつーの。とりあえず少な目に…。

「2件お願いします！」

言った途端、「おおーっ」と一層大きな拍手が沸き起こる。うーむ。調子狂うなぁー。

白色は新規客、ピンクは要注意客

拡張員はいつも1チーム5人、計3チームに分かれ、都内各所の販売店に出向く。そこでさらに各自で担当エリアを受け持ち、仕事を行うのだという。

初日ということもあり、私は拡張団事務所からいちばん近い販売店へ徒歩で向かうことになった。

「今日入ったんだって？　俺もおととい入ったばかりなんだ。よろしくな」

道中、同じチームのオヤジが声をかけてきた。

「あ、そうなんすか。よろしくお願いします」

彼は初日に2件契約を取ったものの、昨日は0件。40才独身だという。ホント、独り身の多い会社である。

販売店に着くと、自転車を与えられ、荷台に拡材を積む。拡材とは、洗剤、タオル、トイレクリーナーなどのことで、これらをエサに契約をもぎ取るというワケだ。

ちなみに新人は、人気拡材であるビール券の持ち出しは不可。持ち逃げする輩が後を絶たないとかで、晴れて契約を取った際は、後日、別の拡張員がお客へ渡しにいくのだそうだ。

さて、拡材の準備が終われば、次は地図のチェックだ。契約世帯はすでにイエローの蛍光ペンで塗りつぶされており、私たちが狙うのは真っ白の部分である。ん、じゃこのピンクの世帯は何なの？

「拡張禁止世帯だよ」

先ほどの新人オヤジの説明によれば、ピンク色の世帯は、過去、訪問時に怒鳴り散らした結果、警察に通報されるなど、何らかのトラブルがあった家らしい。

一通り確認作業を済ませると、拡張員が一斉に各自の担当エリア

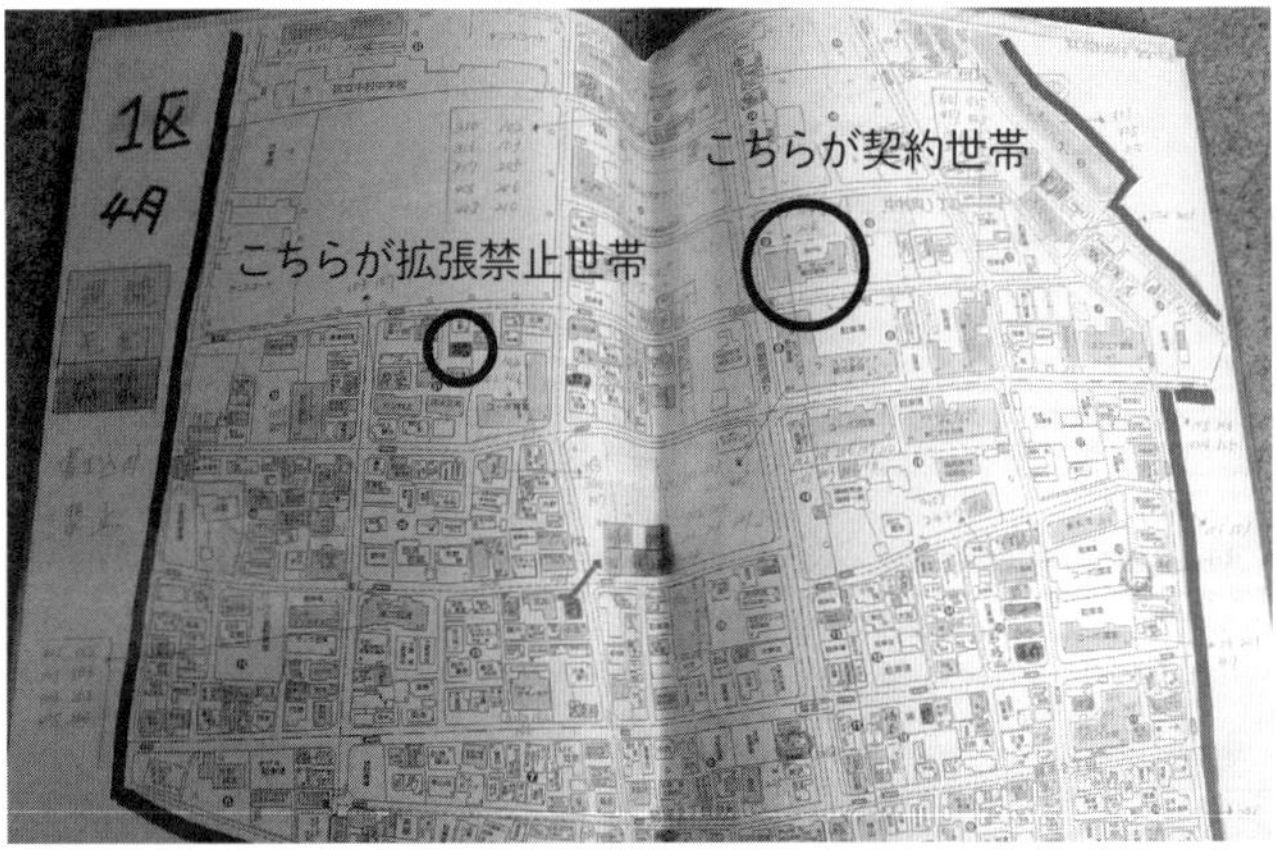

写真ではわかりづらいが、契約世帯は黄色、拡張禁止世帯はピンクに塗られている

に散っていく。私は実技指導役の岡ちゃんとコンビを組み、とある一軒家に突入した。

「こんにちはー。松本さん」

訪問の基本は、いきなり「読売です」と名乗らないこと。名前を出せば、まずドアは開かないらしい。ま、当然といえば当然だな。

「はい。どちらさま？」

「どうもー、奥さん毎度お世話になってます。読売新聞で…」

「結構です」

いきなり撃沈。しかし岡ちゃんはヘコむことなく、次々に付近のインターホンを押しまくり、15軒ほど回ったところで、ピタリと立ち止まった。なんだ？

「こんな感じでドンドン数を当たれば、必ず契約とれるよ。仕事は夜9時までだから、それまでちょっと1人で頑張ってみ」

「え、もう行っちゃうんですか？　コツとか教えてくださいよ」

「コツなんてもんありゃ、苦労ねーよ。やり方もそれぞれ違うしさ。とにかく数こなして自分の契約の取り方見つけろな」

とりつくシマもなく、アッという間に自分の持ち場へ向かう岡ちゃん。すっげー心細いんですけど。

話すら聞いてもらえない

不安がっても仕方がない。近くの公園でコンビニ弁当を食べ、すぐに仕事に取りかかった。地図上、私の担当エリアは真っ白の世帯が大半。とりあえず端から順に攻めていくか。

「すいませーん、小川さーん」

〈はーい〉

ボタンを押すと、すぐにインターホンから声が返ってきた。

ドアを開けてくれるまで待ってみよう。

〈…どちら様でしょうか？〉

く、出てこんのかい。

「読売新聞なんですが、３カ月だけでも契…」

「いりません」

「あの、現在、どちらかの新聞とってらっしゃいますか？」

「いりません」

１軒目から上手くいくとは思っていなかったが、こうも素っ気ない態度を取られるとは…。だが、今はがむしゃらに行くしかない。そうすればきっと契約も取れ……なかった。

その後の６時間、マンションも含め、かれこれ５００戸くらい回ったが、契約はゼロ。なんせ、話すら聞いてくれないんだから手の打ちようがない。うう。

午後６時、いったん販売店に戻り、途中経過を報告。と、他のメンバーはみな、すでに１件以上契約を取っており、ゼ

契約を取れる確率は…1%以下！

ロは私だけ。ますます焦りが募る。

再び現場に戻っても、状況は少しも変わらなかった。つーか、そもそも拡張員に勧められて、新聞なんか取るのか。取る気のあるヤツは自ら購読してるだろうし、だったら営業の意味なんかないんじゃねーの？

何だか急にバカらしくなり、付近の公園へ移動。そのまま終了時間の夜9時までベンチでふて寝して、販売店に戻った。

「ははは、初日なんて誰でもそんなもんだ」

落ち込む私に、岡ちゃんがボロボロの歯をむき出し、話しかけてきた。

「とにかく1週間がんばってみ。それでもダメなら、そのときは辞めること考えろな」

「はあ」

ちなみに、その日の岡ちゃんの契約数は4件。きっちりノルマをこなしている。さすがだ。

2件ゲット！　才能あるのかオレ

2日目、昨日とは別の販売店に出向くことになった。よーし気分一新、今日こそは契約を取ったるぞ。

しかし、相変わらず門前払いの連続。昼を過ぎても、誰1人話を聞いてくれない。

開始から4時間。福助そっくりのオバチャンが、ようやく玄関のドアを開けてくれた。すでに300軒ほど回っている。

「新聞の勧誘なの？」

「はい。読売新聞なんですけど少しの間だけでもお試しいただけないかと思いまして」

「ふーん。どうしようかしらね」

お？　おお！？　ひょっとしてひょっとするのかしら。

「ウチ、聖教新聞2部も取ってるんだけど、よかったらアナタも取ってくれない？　そしたら、読売も取ってあげるから」

…何じゃコイツは。なんでそんなことしなきゃいけねーんだよ。オレの出費が増えるだけじゃん。

「あらそう。まぁ、いいわ。読売取ってあげる」

「…え、本当ですか？」

「うん」

あっけない。実にあっけない。契約を取れるときって、こんなに簡単にいくものなのか。福助に何度もお礼を言い、監査（客に電話をかけ、改めて契約内容を確認する係）に連絡を入れる。

幸運はまだ続く。福助の家から100メートルと離れていないアパートで、さらに1件契約をゲットできてしまったのだ。信じられない。昨日のダメっぷりがウソのようだ。

夜9時。販売店に戻ると、成功報酬の内金が支給された。その額1万1700円。アレ、最初の説明じゃ、報酬は契約1件につき5千円で、内金はそのうちの1千500円。だから2件で3千円のハズなのに、なぜこんなに多いんだ？

「それは和田ちゃんが、すごくラッキーだったんだよ」

拡張団事務所で、チョビヒゲ部長は説明する。午後5時までに契約を取ったことが1つ、今日の客が2人ともまったくの読売新規契約だったのが1つ、んでもって契約の翌日から購読を始めてくれるのが1つと、オプションの対象条件が3つも重なった結果らしい。もちろん給料日に支払われる残金、7千円（3500円×2本）は含まれていない。ってことは1日で1万8700円稼いだのか。すっげーじゃんオレ。

「やるねー、和田ちゃん。2件とも最高の客だぜ。もしかして才能あるんじゃないの」

「いやいや、そんなことないっすよ。マグレっす。えへへ〜」

私はすっかり浮かれていた。

半年購読するからビール券10枚よこせ

翌日は、朝から体調がすぐれなかった。昨日、雨の中、街をかけずり回ったのがよくなかったらしい。仕事中も、自転車を漕げば漕ぐほど頭痛が激しくなり、どうにもやる気が起きない。

途中、とあるアパートを営業中に、カギのかかっていない空き部屋を発見。今日はもうあきらめて、ここで寝かせていただくことにしよう。

夜8時半。早めに販売店へ戻ると、オヤジ拡張員が2人、競馬新聞片手にボヤいていた。大金をスッたらしい。

「お前、馬やんないの？　ダメだねえ。博打やってこそ男だぞ。まじめに金ためてるようなやつは拡張できねーよ」

「…はあ、そうなんすか」

「あ、いまバカにしたな？　どーせオレなんか、半分乞食みてーなもんだ。借金もあるし、仕事辞めたら住むところもねーしよ」

拡材は契約ゲットの
強ーい味方なのです

拡張員には、ギャンブルで借金を抱えている者がめちゃくちゃ多い。例えばあの岡ちゃんなどは、サラ金や知人などから計200万近く借りており、内情は火の車らしい。

収入が不安定な上に、どこか社会の掃き溜め感がつきまとうこの仕事のやるせなさは、やった者にしかわからない。博打にハマるのも、ある意味、仕方のないことなのかもしれない。

丸1日休みを挟んでの5日目。先日の借りを挽回すべく、躍起になってチャリンコを漕いでいた矢先、手強いオバハンに出くわした。今日から6カ月間購読する代わりに、洗剤10箱、ビール券10枚をよこせと言うのだ。

弱った。洗剤は多少多めに渡しても構わないが、問題はビール券である。販売店からは、契約3カ月で2枚、6カ月で4枚、即日入刊だとさらにもう1枚追加と決められており、それ以上は1枚につき500円を拡張員が自己負担することになっている。

つまりこのオバハンから契約を取るには、2500円、自腹を切る必要があるのだ。そんな事情を知ってか知らずか、オバハンは「ビール券10枚くれないなら帰って」と強気。明らかに相手の方が上手だ。くそ、持ってけドロボー。

なんでそんなに図々しいの？　鬱陶しいんだよ！

それでも、開始早々の契約に気分をよくしたのも事実。この調子で今日も…と勢い込んだ矢先、私は、改めて拡張の難しさを思い知らされることになる。

とあるアパートの一室をノックしたときのことだ。

「はい、誰？」

ゆっくりドアが開き、チリチリのパンチパーマを当てたニイちゃんが顔を出した。

「あ、あの読売新聞なんですけど。少しの間でもいいんで、取ってもらえないでしょうか?」

「新聞?　いらねーよ」

「3カ月だけでも構わな…」

ガシッ。ことばを言い終わらぬうちに、いきなり胸ぐらを掴まれた。ちょ、ちょっとぉ、何するんですか!

「お前らさ、なんでそんな図々しいの?　鬱陶しいんだよ!」

「ちょっと、わかったから手ぇ離せよ」

「ナニィ!?」

「Tシャツ伸びちゃうだろ。離せよ!」

思わず声を荒げたのがマズかった。無言でいったん部屋に引き返したパンチが、バットを握りしめ戻ってきたのだ。ふんぎゃー!

アパートの階段を駆け下り、チャリンコに飛び乗る。後ろから怒声が聞こえたが、振り向く余裕はない。必死にペダルを踏み、道を疾走した。

にしても、何なんだ、あのキレようは。シャブ中かよ。

結局、その日の契約は欲張りバアさんから取った1件だけで終了。翌日、再び契約がゼロに終わったところで、退職を申し出た。

おっとろしい兄ちゃんにドヤされた直後。もう疲れ果てました

パン製造工場

求人情報源
電話で
直接問い合わせ

バイト期間
6日間

待遇
日勤　時給815円
夜勤　時給930円

きついお仕事15

日がな1日誰とも話さず、ベルトコンベアのパンを延々と眺め続けてましたとさ

「Yパンの工場、あれはもうヤッたか？」

私がキツイ仕事ばかりに精を出していることを知ってる劇団仲間の1人Sが、稽古帰りに話しかけてきた。パン工場？ 冗談言うな。んな、ヌルイもんやるかい。

「バーカ。あの単純労働のつらさはやった人間じゃないとわかんねーんだよ」

なるほど、今までは怪しい、危険といったキーワードで仕事を選んできたが、単純作業ってのもかなりキツそうだ。

やってみっか、パン工場。でも、あまりにつまんなすぎて、書くことなんもなかったら、どうする？

家が遠いのになぜウチで？

ネットの検索によれば、Yパンの工場は都内に3つ。順に電話をかけ、働きたい旨を伝えたところ、2つ目の工場からあっさり面接の約束を取り付けた。場所は東京の西の果て、H市である。

翌日、愛車のホンダ・スティードをかっ飛ばすこと1時間強。前方に『Yパン』の看板とともに巨大な工場が見えてきた。手前の道路にバイクを路駐し、入り口の門をくぐる。途端に、出来たてのパンの甘〜い香りがプンプン漂ってきた。

人事課に通され、面接官に履歴書を渡す。と、いきなり相手は聞いてきた。

「アナタの自宅、ここから遠いよねぇ。なのにどうしてウチで働こうと思ったの？ 交通費も出ないんだよ」

う、痛いところを…。まさか企画だとは言えんしなぁ。

「あの、もうすぐこの辺に引っ越すんですよ。だからその前に職場を探しておこうかと思いまして」

「あそう。あと、キミは体力的に問題ない？」

「と言いますと？」

「仕事がケッコー大変だから、体が弱い人だと困るんだよ」

「あ、それは大丈夫です。はい」

面接官の話によれば、給料は日勤だと時給８１５円、夜勤で９３０円。日勤は8時間労働なので６５２０円、夜勤は18時から翌朝5時まで（休憩1時間）の10時間に深夜手当を入れ、１万１千円近くになるらしい。まーまーじゃん。

その日の夜、早速、明日の朝から来てほしいとの電話が入った。希望としては時給のいい夜勤に就きたいが、仕事に慣れるまで、最初の３日間は日勤になるらしい。

時の流れが恐ろしいまでに遅い

翌日、午前9時。受付で出勤手続きを済ませ、本日の所属先を確認する。アルバイト連中は、日によって担当部署が異なるため、就業前に必ずチェックしておかなければならないのだ。

若い係員に氏名を告げると、眠たげな表情で彼は言った。

「えーっと、和田くんは『和菓子１課』に行ってください」

自分で言うのもなんだが、まるで農協のオッサンである

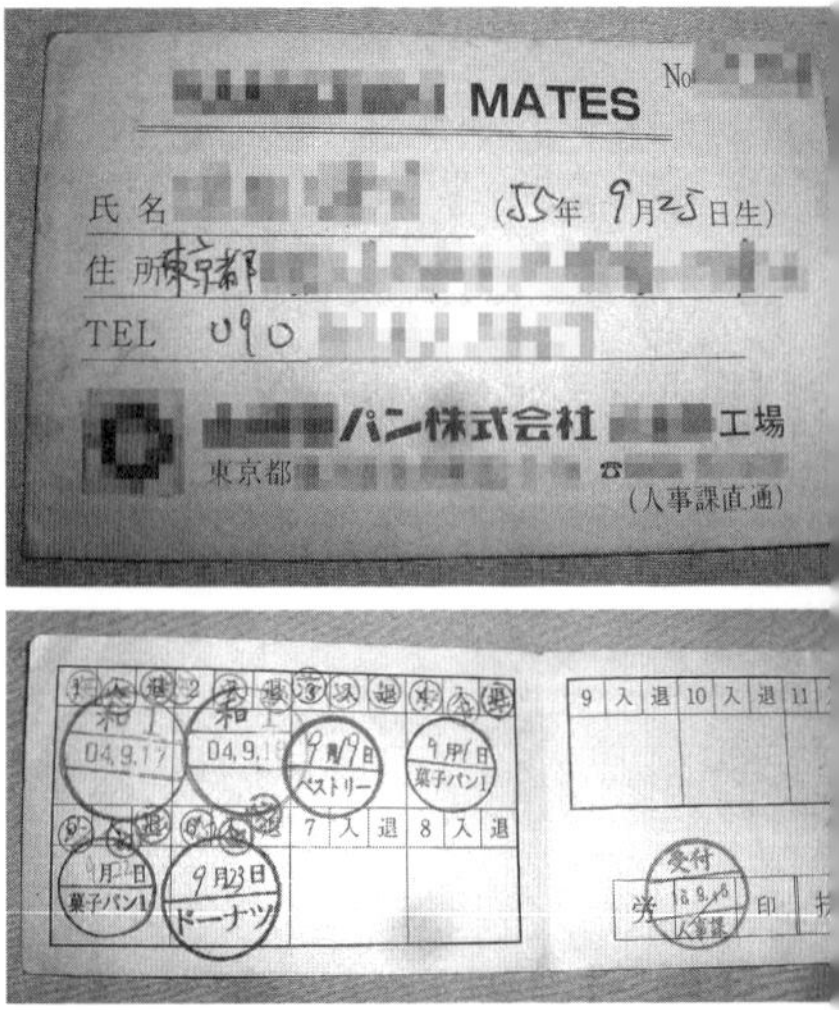

アルバイトが持たされるID証。
出勤すると所属課ごとのハンコが押される

新品の作業着に袖を通し、社員食堂へ。アルバイトは、いったんここで集合後、各自の持ち場へ向かうらしい。にしてもどえらい人数だ。ざっと200人はいるんじゃなかろうか。おや、女子もけっこう混じっているじゃないの。ケッコウケッコウ。

担当社員に連れてこられた和菓子1課の作業場は、まるで巨大な迷路のようだった。端から端まで歩くのにゆうに5分はかかる。そこに様々なマシーンが所狭しと並び、いったい何に使うのか、石油タンクのようなモノまで置いてある。スゲー。

作業員の数も半端ではない。バイトだけで50人。パートや社員も含めると、100人以上の大所帯である。何でも、今はちょうどお彼岸シーズン（9月中旬）で、おはぎなどを生産する和菓子1課の最盛期だという。

作業開始に先立ち、まずはコロコロローラで、体のホコリや髪の毛をくまなく取り去る。なんと言っても食べ物を扱うのだ。清潔第一である。

手洗いも消毒液に30秒以上浸し、新品のゴム手袋を装着。エアーシャワーを浴びたあと、今度は手袋のままアルコール液で手を洗う。しつこいまでの徹底っぷりである。

もっとも、私が与えられた仕事は、実にシンプルだった。べ

エアーシャワーを通って…いざ作業場へ！

ルトコンベアで流れてくる1パック3本入りの串ダンゴを番重《ばんじゅう》（商品を運搬する際に使う業務用の箱）に10パックずつ詰め、足下にドンドン番重を積み重ねていくだけ。

シールがしっかり貼られていないもの、アンがきれいに乗っていないもの、ダンゴの本数が足らないものなど不良品をベルトコンベアから外す作業はあるが、とにかく単調。時の流れが恐ろしいまでに遅い。

だからこうやってジーッとダンゴの流れを見ていると、次第に意識が遠のいて…。

「ダメだよ、ボヤッとしちゃ」

社員さんの声でハッと我に返った。コンベアの終点に、取り忘れたダンゴが数パック、山積みになっている。

やべ！

Sの言う「単純労働のつらさ」の意味が少しずつわかってきた。

自社製のパンは食べ放題

正午。ようやく昼休みになった。もっとも、製造ラインは常に動きっぱなしのため、いったんパートのおばちゃんと交代する。

食堂は500人近い社員、パート、アルバイトでごった返していた。A、B2種類の日替わり定食やラーメンなどが300円程度で食べられる上、自社製の菓子パン、総菜パン、食パン、ドーナツにいたっては、タダで食べ放題だ。太っ腹だのう。

胃袋にパンを5つ詰め込み、しばしの至福を味わった後は、再び憂鬱な時間の始まりである。

コンベアからダンゴのパックをサッとを拾い上げ、番重へ。またサッと拾い上げ番重へ。脳ミソを一切使わず、ただただ同じ動作を繰り返す。ああ、もうヒマで死にそうだぁ！

「いやー、退屈っすよねぇ」

隣の作業員に話しかけてみた。

「僕、今日が初出勤なんすよ。この仕事、結構ツライんですね」

「…………」

機械の音があまりにうるさく、聞こえていないらしい。んじゃ、鼻歌でも唄ってみっか。

♪えらいこっちゃ、えらいこっちゃ、吉原あたりが大火事じゃ、オソソで建てた家じゃもの、ボーボー燃えるの当たり前〜♪

社員食堂はかなりの広さ。
意外と女性の社員やアルバイトが多い

自社製のパンは食べ放題。
ただし工場から持ち出すのはNG

すぐに飽きた。時計を見ても、針はまったく進んでない。だからといって油断すれば、すぐにダンゴを取り忘れそうになる。精神衛生上、実によろしくない。

就業時間の午後6時を迎えたころには、言いようのない徒労感に打ちひしがれていた。これでたったの6500円。はぁ〜。

和菓子1課での仕事は翌日も続いた。ただし、今回任ぜられたのは『食品衛生パトロール』なる仕事。ご大層な役名に、少しはマシな展開になるかもと期待した自分がバカだった。

たった1人で工場内を巡回し、ゴミを捨てたり、汚れた消毒用アルコールを交換するだけ。続く3日目に送り込まれたペストリー課（パイ類やピザパンを製造）では、日がな1日誰とも話さず、オーブンのトレーを延々と洗い続けていた。キツイ。ものすごくキツイ。

鼻クソをほじったその手で作業するバカ

「和田くん。キミはここでソーセージを乗せてってよ」

ベルトコンベアを流れる包装済みのドーナツを番重に積み込みすぐに倉庫へ

待ちに待った初の夜勤日。菓子パン1課で指導係の社員と向き合った私は軽い感動を覚えていた。

実はこの菓子パン1課、私の大・大好物である「まる●とソーセージ（商品名）」を製造しているのだ。味よし、ボリュームよしの総菜パン作りに一役買えるとあっちゃ悪い気はしない。

パンはまだオーブンで焼かれていない状態で一斉にベルトコンベアで運ばれてくる。そこにタイミングよく、ソーセージを乗せていくのが私の仕事だ。

しかし、これが意外に難しい。ソーセージはパンの両端から均等な位置に置かねばならないのだが、コンベアのスピードが速いため、なかなか狙った場所に収まらないのである。

実際、右隣の中年アルバイターは班長に注意されまくり。私もソーセージを乗せ損ない、何度も後方に流れたパンを追っかけるハメになった。うひゃー、何だか一気に慌ただしくなったなぁ。

もっとも、昨日までの退屈で死にそうな環境と比べれば、はるかにマシ。やはり人間、多少の困難にぶつかってこそ、初めて仕事してる感を味わうことができるのだろう。

夕食後は「まる●とソーセージ」から「ダ●ルソーセージ（商品名）」に配置換えとなった。作業内容は先ほどと同じだが、一度に乗せるソーセージが2本になったぶん、スピードアップに加え、ハの字にならぬよう注意が必要。私は両手に持ったソーセージを慎重に、かつテンポよく並べていった。ようやくコツが飲み込めてきたらしい。

自然、口元が緩んだそのとき、私は見てはイケナイものを見てしまう。

コンベア前方でパンにマヨネーズを塗っていた作業員が、手袋をはめたまま鼻の穴をほじくってるではないか。指先を拭うこともなく、そのまま作業を続けている。うげぇ〜！

食品会社の社員が自社製品を食べたがらないという話を聞いたことがあるが、その理由が何となくわかった。

いくら衛生管理を厳しくしても、働いてる人間にその意識がなきゃ意味がないのだ。以来、私が食堂でパンを食べなくなったのは言うまでもない。

19才の女子短大生は推定Fカップの巨乳

なかなかテンションの上がらぬ日々に変化が訪れたのは、出勤5日目のことだ。以前から目を付けていた女性アルバイト、谷口さんと同じ和菓子1課に配属となったのである。

これまで彼女とは一度も話したことがなく、ただ数回、通路ですれ違っただけに過ぎない（名前は帽子のネームプレートを見て知っていた）。おまけにいつも作業マスクを付けているので、素顔さえ知らない。だが、マスクの上でクルクル動く大きな目、制服の下で窮屈そうな推定Fカップの巨乳を見る限り、ソートーな上玉だ。ぜひ仲良くなっておきたい。

チャンスはすぐに訪れた。場内の片隅で、モチにきな粉をまぶしていると、別の班でゴマ団子を作っていた谷口さんが、自ら話しかけてきたのだ。

「あのー、ダンゴを入れる予備のパックがこの辺にあるって聞いたんですけど。わかります？」

「あ、はいはい。えーっとね、向こうの棚の中にあるよ」

「ありがとう」

谷口さんをこっそりパチリ

「ねえ、いつからここでバイトしてんの？　実はオレ、何回か見かけてるんだよね」

強引に話を続け、彼女を引き留める。こんな好機、逃す手はない。

「そうなんですか？　私まだ2週間くらいですよぉ」

「なんだよ、先輩じゃーん。でも敬語は使わないよ」

「ぎゃはは、いいよ別にぃ。アタシも使わねーから」

彼女、歳はまだ19才。吉祥寺にある某女子短大に通っているらしい。ノリも想像以上にグッドだ。いいねぇ、実にいいコだねぇ。

その日はこれ以上谷口さんと話す機会はなかった。同じ和菓子1課とはいえ、班が違い、休憩時間もバラバラでは容易に近づくことはままならない。ま、焦らずじっくり待ちますか。

どうやら恋しちまったらしい

翌日はドーナツ課に送り込まれた。チラッと配属表を覗きこむと、谷口さんは今日も和菓子1課のようである。ドーナツ課での仕事はドーナツの番重詰めである。初日の串ダンゴと同様、ベルトコンベアーで流れてくるドーナツを延々と番重に入れていく、あの陰鬱な作業だ。

が、以前より精神的にこたえないのは、本日、夜勤明けに谷口さんを誘おうと腹をくくったからだろうか。いきなり口説こうとか、セックスに持ち込もうとか、そこまでは考えちゃいない。ただお茶をしつつ、2人の距離を縮められたら十分だ。

どうやら、昨日の一件以来、彼女に軽い恋心を抱いてしまったらしい。キュンキュンキュンキュン、どうにも胸が甘酸っぱい。

休憩後、2万個に及ぶカレーパンの品質チェックをバリバリこなした私は、終業時間を迎えるや、ただちに和菓子1課へ直行。谷口さんが現れるのをジッと待った。

「あ、おつかれさん」

5分と経たず、彼女が出てきた。

「あ、和田さんじゃーん。ナニ、いま終わったの？」

「うん。いやー、疲れちったよ」

「ホントだよねー」

恋は盲目ってか。彼女が着ると、おばちゃんっぽいYパンの制服さえかわいく見えちまうぜ。よーし、言っちゃえ！

「あのさ、よかったら一緒にお茶してかない？　近くにファミレスあったっしょ」

「おーイイねぇ。んじゃアタシ、小腹空いたからホットケーキでも食べよっかなぁ」

「いいんでない？　着替えたら、正門前で待ち合わせしよーぜ」

「おっけー」

…なんかイイじゃん。パン工場で出会った男女だなんて、昔の青春映画のストーリーみたいというか、清貧な感じというか。もしかして、マジで3年にわたる彼女いない歴に終止符を打てるかもよ。

そうなれば、当然オレの4畳半フロ無しのアパートで同棲生活を始めて…いや、この際だから、フロ付きの立派なところへ引っ越しちまおうか。あー人生ってなんてスバラシイ！

「お待たせー」

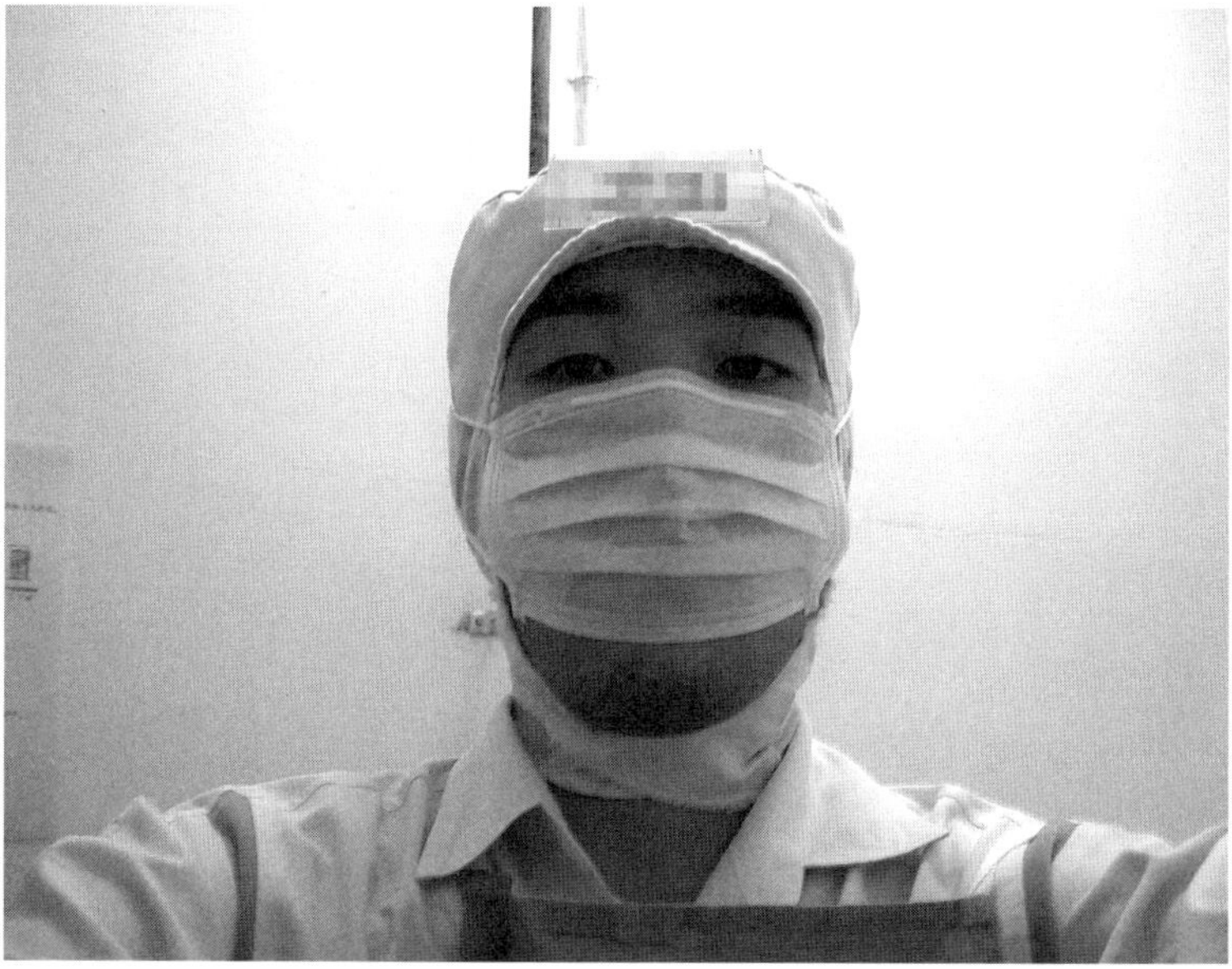

作業中は帽子、マスクで厳重に顔をカバーする。これじゃ谷口さんのシャクレも見えるワケない…。はぁ

10分後、目の前にアゴ勇が現れた。毛玉できまくりのスウェットに、ピンクのジーンズを履き、私に手を振っている。ん、誰だよこのブスは。…え、ええ、えええーっ!? ま、まさか谷口さん…?

「ナニしてんの? 早くファミレス行こーよ。腹減って目がまわってきちゃった」

「…………」

先ほどまでカワイイなぁと思っていたゾンザイな口調も、三日月チックな横顔を見てしまった以上、抱くは憤怒《ふんぬ》の感情だけだ。いらねーんだよ、こんな漫画みたいなオチは。マジで!

どうにかファミレスを出るまで平静を保てたものの、帰り道、沸き上がる徒労感に耐えきれず、私はその場にへたり込んでしまった。

心が、寒い。

ティッシュ配布員

求人情報源
アルバイト情報誌

バイト期間
3日間

待遇
時給900円～

相手の手に押しつけるように差し出せば、条件反射で受け取ってくれます

きっついお仕事16

その日、私は新宿・伊勢丹前の歩道で、1人のかわいいオネーチャンをジッと眺めていた。

「よろしくお願いしまーす、お願いしまーす」

彼女は、歩行者が側を通るたび、手に持ったポケットティッシュを笑顔で差し出していた。たまに快くティッシュを受け取る者もいるにはいるが、大半の歩行者はうつむき加減にスッと通り過ぎていくだけ。ただひたすら、お願いしまーす、無視、お願いしまーす、無視の連続である。

…やるせないのう。同じ場所に長時間突っ立って、愛想を振りまいて、それでも皆から蔑《ないがし》ろにされて。給料もたいしたことなさそうだし、最低の仕事じゃんよ。

帰宅後、今週発売のアルバイト情報誌をペラペラめくり、ティッシュ配りの募集を探しまくる。むろん本意ではない。決して本意ではないが、お仕事体験人としてはあんなキツそうなバイト、放っておくわけにはいかんのだ。はあ、オレってとことんマジメな男なんだねぇ…。

故意に捨てると損害賠償問題に

3日後、新宿駅近くにあるT社を訪れた。事前に電話で聞いたところ、このT社、消費者金融やスポーツクラブなどのクライアントから依頼を受け、広告入りのポケットティッシュを作成、配布まで請け負っているらしい。

「あ、面接の人ね。それじゃ先にビデオを観てもらうからこっちに来て」

入り口で受け付けを済ませ、年若い社員とともに広さ1畳ほどの小部屋へ。壁には液晶テレビが取り付けられており、着席すると、画面に自社制作と思しき教育ビデオが映し出された。

内容はティッシュ配布の際の注意事項や仕事の予約の入れ方などが中心で、ま、どうってことはない。が、一つ気になったのは、配布員のチョンボについての説明だ。

ビデオの中で、女性ナレーターが淡々と言う。

『故意にティッシュを捨てたり、２枚ずつ配布したり、サボったりしては絶対いけません。その場合は、損害賠償問題となりますので十分気をつけてください』

お～怖っ！

肝心の給料に関しては、１回の配布（原則１千個）にかかった時間の長短で、金額が以下のように異なる。

１・５時間　２千３００円
２時間　２千５００円
２・５時間　２千７００円
３時間　３千円
３・５時間　３千３００円
４時間　３千６００円
４・５時間　４千円
５時間　４千５００円

一見、労働時間の長い方がカネになるように思えるが、配布は5時間以内なら何度やってもＯＫらしい。つまり、２・5時間を2回やれば5千４００円ゲットできるというワケだ（ただし最初の60時間は研修期間とみなされ、各々５００円マイナスとなる）。

面接日に見せられた教育ビデオ。
禁止事項がやたら多くてウンザリっす

「こんな感じなんだけど…」

ビデオが終わると、先ほどの若い社員が口を開いた。

「どう、やってみる？」

「はい、よろしくお願いします」

「よし。明日からさっそく働いてもらうから、とりあえずティッシュ配りのコツを教えておくよ」

「はあ」

「歩行者の手の約5センチ前にサッと出すんだ」

自分のケータイをポケットティッシュになぞらえ、真剣に語り出す社員。と、そこへ別のオヤジ社員が通りかかり、2人から実技指導を受けるハメに。

「さりげなく、すばやくサッと出す。こう！こう！」

若い方の社員が熱演すれば、オヤジ社員もハゲ散らかした頭を振り乱し、私に指導する。

「差し出した手はなるべく相手の手元に持っていくんだ。違う。こう！　ホラこう！」

…何者なんだよアンタら。

1時間で1箱カラ。ラクショーじゃん

翌朝、6時。久々のスーツに袖を通した私は、自宅玄関で携帯メールを打った。

『お疲れ様です。和田です。いまから現場へ向かいます』

アパートを出る際、現場到着の際、作業完了の際と、アルバイトは、ことあるごとにT社へ連絡を入れるよう

義務づけられている。直行直帰の仕事が大半だからだ。

さて、本日の現場は西武池袋線練馬駅前。ここで某スポーツクラブのティッシュを配布する。

いったん件のスポーツクラブへ立ち寄り、担当スタッフからティッシュの入った段ボール箱2つと、クラブのロゴ入りジャンパーを受け取り、再び練馬駅前へ。では、始めますか。

「おはようございます。○○○クラブでございます。どうぞよろしくお願いしまーす」

時刻はちょうど午前7時。すでに駅周辺は、大量のサラリーマンで溢れている。その1人1人に軽くお辞儀し、さわやかにティッシュを差し出していく。

誰も受け取ってくれないいんじゃないか…。当初の心配は杞憂に終わった。5人に1人の割合でドンドンさばけていく。中でも中高年の会社員は高確率で、おばちゃんに至ってはほぼ半数が「もう1枚ちょうだい」などと言ってくる有様だ。

テキトーにやっているだけでも、ティッシュの在庫が面白いように減っていき、気が付けば、開始から1時間足らずで1箱分（500個）がきれいになくなった。

うーん、イメージと違って、全然ラクショーじゃん。ふふふ、何だか楽しくなってきたぞ。

オタクっぽい高校生が「お前の顔覚えたからな」

しかし、そこは単純作業の宿命、すぐに飽きてしまった。

段ボール1箱にティッシュが500個。
移動の際、手で運ばねばならないのがツライ

手渡すときは人差し指と中指で挟んで、が基本

で、暇つぶしも兼ね、どう配ればより効率が上がるか、研究してみる。

人差し指と中指でティッシュを挟んでみたり、おじぎの角度をあれこれ変えてみたり。あるいは目につきやすよう、差し出す手を相手の胸元に持っていったり。ところが、

「イテッ」

不用心に伸ばした手が、脇にいた通行人のアゴに触れてしまった。おっと、どーもスンマセンねぇ。

「…はあ？　おい、いま何て言った？　スンマセンだ？」

高校生だった。髪型はごく一般的な真ん中分けで、体格も貧相。決して暴力を振るうような不良には見えない。むしろオタクっぽい外見。が、その表情は怒りに満ち、プルプル震えている。

「ち、ちゃんと謝れぇぇぇぇ！」

絶叫と同時に、学生が思いっきりスネに蹴りを入れてきた。それも何度も何度も。怖すぎである。

とはいえ、かなり非力なため、痛みはない。私は恐る恐る相手の肩を両手でしっかり押さえつけ、大声で言った。

「本当に申し訳ございませんでした。もう勘弁してください！」

「……お前の顔、覚えたからな」

散々暴れ叫んで少しはスッキリしたのだろう。学生はボソボソつぶやくと、何事もなかったようにきびすを返し、足早に駅の中へ消えていった。

後で野次馬の１人が教えてくれたのだが、実はあやつ、いつもちょっとしたことで突然ブチ切れる、地元で有名な少年らしい。近ごろのガキはメチャ

クチャ危ないというが、刃物でも持っていたら本気でヤバかったかも。

結局、2つ目の段ボールがカラになったのは、それから2時間後のこと。会社に終了報告の電話を入れ、そそくさと帰路につく。

体力的にはもう1千個配布できる元気は残っているが、先ほどの事件があまりにショックで、とてもやる気が起きなかった。

キャリア8年の男に配布の極意を教わる

翌日、再び昨日と同じスポーツクラブのティッシュ配布を命じられた。ただし、配布場所は練馬駅の隣。例のサイコ野郎に出くわす危険はない、だろう。

段ボール箱を小脇に抱え、一路駅前へ。と、前方に同業者らしき男が突っ立っているのが見えた。歳のころ30過ぎ。うだつの上がらぬオーラを除けば、ライブドア・堀江社長にソックリな風貌だ。人の流れがもっとも集まる場所に陣取り、愛想よくティッシュを配っている。あの慣れた手つきからして、かなりのベテランに違いない。

思案後、私はなるべくホリエモンから距離を取り作業を開始した。ヤツの場所と比べ、歩行者の数はグッと減ってしまうが、パイの取り合いを避けるには致し方ない。ま、昨日だってかなり調子は良かったし、心配する必要はないでしょう。

大誤算だった。30分、40分と時間が過ぎても、一向にティッシュが捌けず、結果、2時間半かけてようやく1箱配り終える体たらく。あー、疲れる〜。

「オニイチャン、こんなとこにいつまでいてもはかどらないよ」

地べたでうなだれる私に、ホリエモンが声をかけてきた。配布場所を交代してくれるという。マジっすか？

アンタ、スゲーいい人じゃん。

「遠慮しなくていいよ。オレはもうほとんど終わったからさ」

「ありがとうございます」

礼を言うと、キミってさーとホリエモンが続ける。

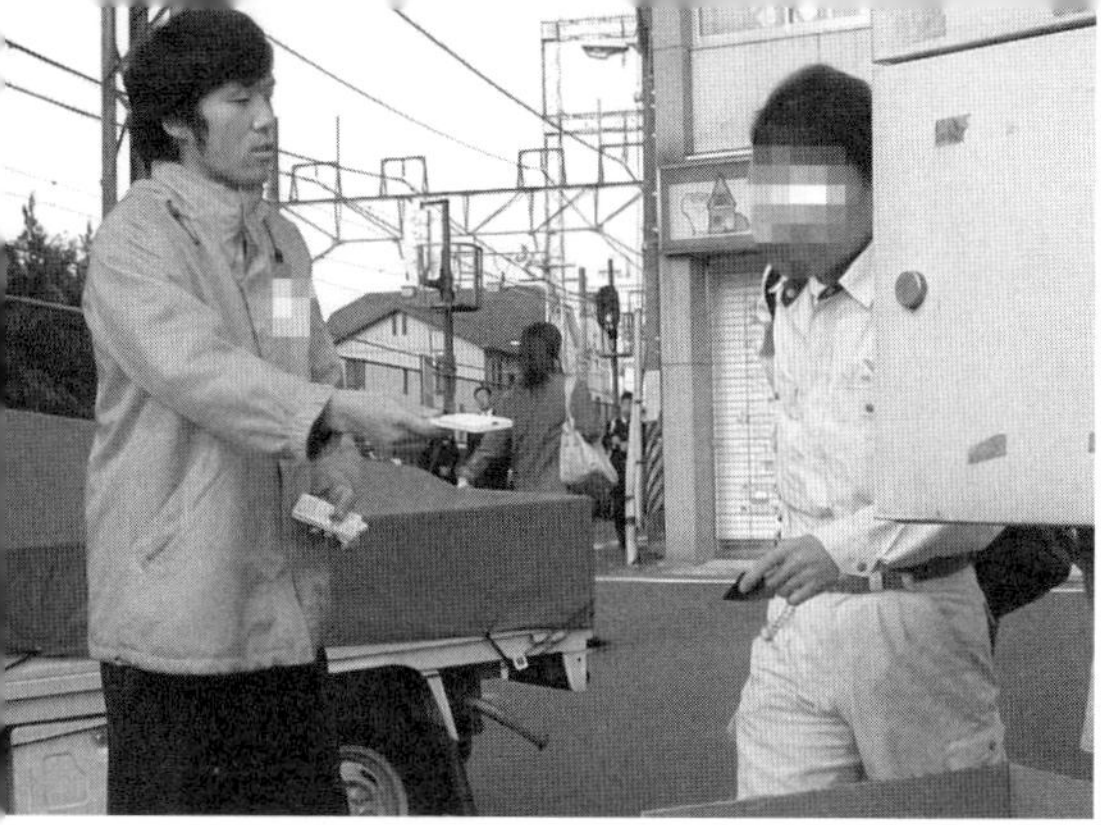

無視されることの方が多いです

「まだ始めたての新人でしょ？」

「え、わかります？」

「うん。だって、やり方がなってないんだもん」

「え？」

「重要なのは距離なんだよ。キミは相手の体の手前でティッシュを差し出してるでしょ？」

「ええ。その方が受け取りやすいかなと思って」

「それじゃダメダメ。相手の手に押しつけるように出さなくちゃ。そうすっと条件反射で取っちゃうもんなんだよ」

ほう、なるほど。確かに同じようなことを、T社の社員に言われた記憶があるなぁ。

実際、教えられたとおりにやってみると、格段に仕事のスピードがアップした。中高年のサラリーマンや女性だけでなく、これまでずっと無視されてきた学生や若いサラリーマンも、手を伸ばしてくる。すっげー。

きっかり1時間後、残り半分をすべて配り終えた私は、ホリエモンを近くの喫茶店に誘った。

「いろいろありがとうございます。助かりました」

「いやいや、そんな。どうってことないよ」

ズブの素人に改めて礼を言われ気を良くしたのか。カプチーノを飲みつつ、ホリエモンは得意げにティッシュ

ホリエモンにはキャリアの違いを見せつけられ

配布の極意を披露し出した。サボるときは、雇い主の見回りが滅多に来ない午前中にやれ。その際、駅構内の飲食店を使えばもっとイイ。万が一バレても言い訳を考えやすいんだ、と。

「あと、ティッシュは捨てちゃダメだよ。どこに隠しても、これだけ大量だと目立つからね。見つけた人が、記載の電話番号にかけて、チクっちゃうことがあるから」

「へぇー。ホントいろいろ知ってるんですねぇ」

「そんくらい当然だって。なんせ8年も続けてるんだからさ。あははは」

8年…。なぜかホリエモンの高笑いが虚しくなる私だった。

どーせ誰かにあげるなら箱ごとちょーだい

「和田さんですよね？　今日はよろしくお願いしまーす」

中1日空けて、午後1時。私は江東区のとあるショッピングモールで、2人の女子大生と向き合っていた。彼女たち、同じT社から来たアルバイトで、本日は3人1組で某消費者金融のティッシュ配布を行うことになっているのだ。

女子大生と一緒にお仕事。このいかにも楽しげな状況下、私の心は暗く沈んでいた。だって彼女たち、あまりにブサイクちゃんなんだもの。話しかける気すら起きないんだもの。

かくして、別行動での作業を強く主張した私は1人、段ボール3箱をえっちら担ぎ、ショッピングモールの入り口へ向かうことに。サヨーナラー。

3日目ともなると、すでに仕事の要領は完璧である。一度に配る数を2個に倍増、特に子連れの母親や、おばちゃんには5、6個ずつドーンとくれてやる。

また、人の流れが間断なく続く場合は、なんとしてでも先頭の人に持っていってもらう。人間の心理とは不思議なもので、そうすることで後続の連中が進んで手を出してくるのだ。みな、ホリエモンから教わった方法である。

開始からたった2時間で、段ボールはあと1箱残すだけとなった。実に素晴らしいペースである。

ゴリラそっくりのおばちゃんに肩を叩かれたのは、モール内のマクドナルドで30分ほどサボり、作業を再開させた直後のことだ。なんともふてぶてしい表情で、彼女は言い放つ。

「ちょっとアンタ、箱ごともらえないかしら」

「は？」

「だからさ、そのティッシュの箱、まるごとちょうだいよ」

「えー!?」

見れば、ちゃっかり後ろに車を乗りつけてやがる。ゴリラおばちゃん、マジらしい。

「どーせ誰かにあげるんだしさ。ねえ、いいでしょ？」

ティッシュの箱まるごとちょうだいって、おばちゃん欲ばりすぎ！

焦った。箱ごと渡したのが見つかれば、T社やクライアントの消費者金融からドヤされるのは確実。下手すりゃ、面接でクギを刺されたように、損害賠償にだってなりかねない。けど、そこまで欲しいならあげたい気もするんだよなぁ。オレだってラクだし…。

迷いは一瞬。私は周囲を何度も見渡し、素早く段ボール箱を車に運んだ。持ってけドロボー！

「ありがとね、オニイチャン。気前いいじゃない」

はぁ〜、いいのかなーこんなんで。何だってありじゃんよ。

「ティッシュ配布」というお仕事。おわかりのとおり、フタを開けてみれば、見た目以上に簡単でお気楽な代物であった。

もっとも稼ぎはかなりショボく、私の場合、3日間で計1万100円（1日目2千500円、2日目5千100円、3日目2千円）。とてもじゃないが、稼げる仕事とはいえない。ま、学生や主婦が副業でやるってのが一番妥当なんじゃないでしょうかね。

化粧品DJ

求人情報源
求人サイト

バイト期間
16日間
（給料が発生したのは4日間）

待遇
日給1万2000円～

きっついお仕事17

スーパーで奥さん相手に
実演販売。
さー買ってちょうだいな

『アナタも化粧品ＤＪになろう』

ネットの求人サイトで妙な募集広告に出くわした。化粧品ＤＪ。なんとも人を食った名称だが、要は大型スーパーなどの化粧品売り場で実演販売する仕事らしい。労働時間は6時間半、残業ナシ。日給は固定で1万2千円以上出るという。

…面白そうじゃん。そもそも私がお笑いや演劇をやっているのは人前でのパフォーマンスに何とも言えぬ快感を覚えるから。トークで客の購買意欲をあおる実演販売など打ってつけじゃないか。いっちょ試してきますか。

単独で現場に入るまではノーギャラ

事前の調べによれば、求人広告を出していたS社は、販売員（マネキン）専門の派遣会社で、化粧品ＤＪも資生堂やカネボウなどの大手メーカーから依頼を受け、全国各地の現場へ送り込んでいるらしい。事務所は中野にあった。

「はいはい、お待ちどー！」

受付を済ませ、8畳ほどの部屋に通されると、小林と名乗るヤサ男が現れた。パッと見、30代半ば。頭はオールバックで、ニタつき気味の表情が実に軽薄そうだ。

「で、キミはさ、こういう仕事って初めてなワケ？」

「はい、初めてです」

「そっかー。じゃあすぐには現場に出せないな」

小林は言った。未経験者の場合、新人研修を受けつつ、同時にベテランＤＪのサブ（助手）も務めなければならない。その間のギャラはゼロ。単独で現場に入れるまでは、働いているとみなさない…ってマジかよ！？

「はは、心配すんなよ。研修って言っても1日2時間程度、3回ほどここに通ってもらうだけでOKだし、サブも数回経験すればすぐに現場に出すからさ」

「はあ」

要領を得ぬまま、とりあえずその日は退散。研修の予約を入れていた2日後に、再びS社を訪ねる。と、会議室に待っていたのは小林のみ。私の他に新人は誰も来ていない。化粧品DJ、人気ないみたいっす。

肝心の研修は、化粧品の基礎知識やメイク方法などをみっちり学ぶ『講習』と、マニュアルを読みつつ、実演販売の練習を行う『実技』の2部構成で進められた。

しかし、これが想像以上に面倒くさい。特に『実技』は、いくら教わった通りにトークをかましても、ダメ出しの連続だ。

「えーっと、お客さん。この商品使ったことあります？」

「全然ダメ、言い方が暗いよ。もっとハジけた感じで話さなきゃ」

「はい、ちょっとお客さん！　こちら新製品の乳液なんですけどね、今までとまったく違う保湿成分が使われておりまして、しっとり感が凄くアップしているのですが、お1ついかがでしょうか」

「うーん、まだ硬いなぁ。特に『しっとり』のところなんか、もっとオーバーアクションでしゃべった方がいいんだよ。『しーっとり！』とか『しっとりチャンなのねぇー！』とかさ」

「いらっしゃい、いらっしゃ…」

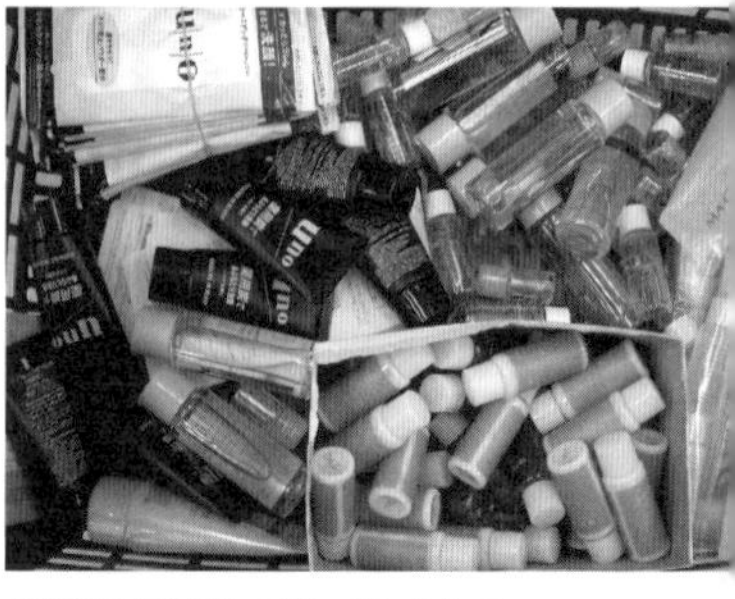
化粧品の無料サンプル。多いときで
1日1000コ以上用意することも

「和田くん、声が小さいっ」

日が暮れるころにはノドもガラガラ。一度もOKのことばをかけられることなく、その日は終了と相成った。

はぁ〜。

職人芸的セールストークで軽く売上げ60万突破

翌日、午前11時。埼玉県某市のイトーヨーカドーへ。カネボウ化粧品のDJを務める小林のサブを仰せつかったのだ。

特設ワゴン内の商品を仕分けたり、新商品のポスターを貼ったりと雑用がメインだが、重要なのはキャリア10年のベテラン、小林のDJっぷりをしかと目に焼き付けておくことである。

ここで実演販売の基本的な流れをざっと整理しておきたい。
①館内アナウンスで『化粧品の無料サンプルを20人限定でプレゼントします』と告知（ただし、人数制限は単なる方便）。
②同時に、店頭でサンプルの引き替えチケットを配布。
③集まった客にサンプルを手渡した後、セールストークをガンガンかまし、新製品を買わせる。
①と②は、私のようなサブDJや化粧品メーカからやってきた美容部員が行う客寄せ作業である。わざわざ引換券を使ったり、『20人限定』と稀少性を謳ったりして、客の心理状態をこちらのペースに引き込むのだ。
これらはズブの素人でも簡単にできるが、③だけはDJ以外には不可能。各商品のセールポイントをキッチリ暗記するだけでなく、それを面白おかしく、かつ説得力を持たせて伝えるにはそれ相応の経験が必要になる。

果たして、私が目の当たりにした小林のセールストークはまさに職人芸そのものだった。

「こちらカネボウのレヴューから本当にすんごい人気商品が出たの。『エッセンスインパクト』って言うんだけどね、はい。皆さん声を揃えて言ってみて。せーの！」

「えっせんす〜いんぱくとー」

「恥ずかしげにお声をくれてどうもありがとー。名前はもうおぼえましたね。これで私の夢は半分かなっちゃいました。感謝感激雨あられ。では、次ちょっと見てね」

実際に自分の腕に塗ったファンデーションをコットンで拭いつつ、小林はさらに調子を上げていく。

「ほら、まったく落ちないでしょ。しかも、ローズヒップのエキスも入ってるから保湿効果も高いの。ローズヒップっていっても私のヒップとは関係ないですよ。いやー、ファンデーション以上に私の冗談は落ちないわーん」

文字だけ読めば、凍てつきそうなセリフ。にもかかわらず、店頭に群がったオバチャンどもは時に手を叩いて笑い、時に感心する。で、気づけばみな、催眠術にかかったごとく、次々と化粧品を買い求めていくのだ。

結局、午後7時までに計6回実演販売を繰り返し、総売上げは軽く60万超。聞いたところによれば、普段このスーパーでは、カネボウ商品の売上げは2

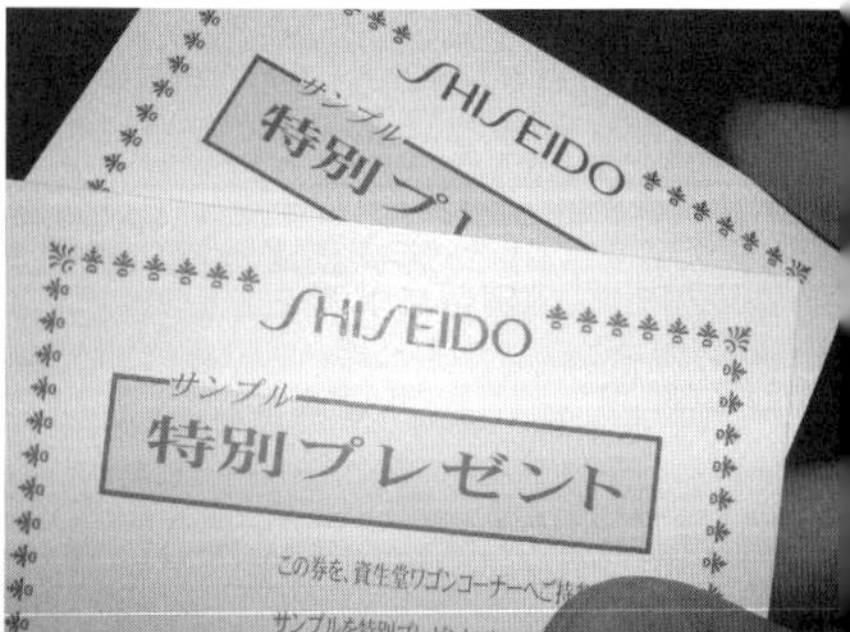

右／限定と謳いつつ、実は希望者全員に配られるプレゼント券。商売の常とはいえ、やっぱセコイ
左／ワゴンセールには各メーカーのイチ押し商品がギッシリ積み込まれる

万円ほどらしい。

極度の緊張でセリフ噛みまくり

ＤＪ見習いを始めて10日。都内の某大型スーパーでいつものように小林のサブを務めていた私に、ついに出番が回ってくる。

「和田くん、今日はもうそろそろ終わりだしさ、最後の１回はキミがＤＪやってみろよ」

思わず、飲みかけの缶コーヒーを吹き出した。

「マ、マジっすか？」

「うん、マジ。大丈夫っしょ？」

実は少し自信があった。すでに研修３回、サブも２回キッチリこなし、必要なノウハウは頭に叩き込んである。てか、これ以上無給で働くのもいい加減ウンザリなんだよね。

「わかりました。やります」

「おう、そうこなくっちゃ」

小林の合図で館内アナウンスが流れると、すぐに『無料サンプル』のことばにつられた客がワラワラと集まりだした。約15人。みな

この格好、ちとふざけてねーか？

うれしそうにサンプルの入った紙袋を美容部員から受け取っている。では、そろそろ始めるか。

「お、お客さんの中でいつも資生堂使ってる方、手を挙げて！　ややっ、奥しゃん、どおりでお美しい！　はい乳液、もう1個サービスしちゅる！」

　極度の緊張で、セリフを噛みまくっている。が、怯《ひる》みはしない。とにかく最初から盛り上げまくる。小林直伝の教えである。

「じゃあ、もうすぐ旅行に出かける方はいるかな〜？　ハイ、そこの奥さんどこ行くの？」

「伊豆の温泉」

「じゃあ多目に差し上げなくちゃ。何たって奥さんの顔、大助花子の大助くらい大きいんだもん。ってあらまあ、失礼ぶっこきました」

　ハハハと軽い笑いが起こった。ウケてる。こんなおサムいトークで笑ってくれてる。みのもんたが支持されている理由、なんとなくわかった気がいたしました。

薬局の軒先でもガンバリました。写真左は師匠の小林

客の反応は上々なのに売り上げゼロ……

さて、ここからが本番。お客の財布が開くか否かは、今後のトークにかかっている。

私はワゴンの中から小さなビンを一つ取り出した。

「はい、注目。コレはね、資生堂の新商品『特濃』シリーズの栄養クリームです。ちょっと手を出してちょうだい」

実演販売の基本は、いかに客の心を掌握するかにある。そのためには、彼女ら自身に商品を試させ、同時にことばで効能を言い聞かせることが肝要。何度も何度も、暗示をかけるように。

「どう、奥さん。何だかし〜っとりしてこない？　お肌の中に成分が染み込んでいくのがわかるでしょ。これがコラーゲン・ヒアルロン酸の力なの」

「あら、すごい。本当だわ」

ウフフ、もう一押しだ。

「人気の成分を凝縮した『特濃クリーム』。本来は6千円以上してもおかしくない内容なんだけど、コレがたったの2千800円で発売！　さらに今日はお店のご協力で30％オフなの！　もう今日買わないでいつ買うの、奥さん」

正直、完全にもらったと思っていた。てっきり皆さん、我先にとレジになだれ込んでくるのだと。しかし…。

売上げゼロ。最後の決めゼリフを口にした途端、みな興味を失ったようにゾロゾロ去っていく。ホワイ？　小林のワザを忠実にマネしたのに、いったいなぜ？

「全体的に焦りすぎてたな。ああ鼻息が荒いと、客だって引いちゃうよ」

営業終了後、居酒屋でガックリ落ち込む私に、小林がビールを注いでくれた。

「元気出せよ。また次頑張ればいいじゃん。初めてやったにしちゃ結構サマになってたし。あ、言っとくけどお世辞じゃないぜ」

いや、お世辞だろう。その後、2度チャンスを与えられたものの、売上げは3千円、2千500円とまったくのスカタン。小林など、1回の実演販売で軽く4、5万の数字を出すというのに、嗚呼…。

近所の公園でトークの特訓

「和田くん、そろそろ明日の現場から1人でやってみなよ」

11月も終わりに近づいたある日の現場で、小林が思わぬセリフを口にした。

本来なら待ちに待った卒業のおことば。ようやく一人前になれたとよろこぶべき場面だ。しかし、すっかり自信をなくしていた私には正直、荷が重い。第一、こんなヘタレを1人で現場に送り込んじゃ会社的にもマズイだろうに。

「平気だって。何度も言うけど、最初からガンガン行ける人なんていないの。和田くんはもう全体の流れがバッチリわかってるし、あとは経験を積むしかないんだよ」

うむ、そこまで言われちゃオレも男だ。やったろうじゃねぇの!

自宅へ帰る道すがら、いま一度過去の失敗について考えてみる。細かいところはさておき、やはり一番大きな原因は、小林が指摘するように、緊張や自信のなさから生じる焦りなのではないか。

客もバカではない。どんなに気の利いたトークをかましたところで、終始声が上ずっているようでは結局シラけてしまう。ならば！

帰宅後、私はセールストークの台本を書き、近所の公園で繰り返し大声で読んだ。確たる自信を付けるには、一連の流れを文章で確認し、完璧に頭の中に叩き込む以外にない。

「あ、ＤＪさんですか。おはようございます」

当日。現場である府中の中規模スーパーに向かうと、資生堂の美容部員が挨拶にやってきた。

「和田と言います。今日はよろしくお願いします」

「あの〜、すいません。さっそく打ち合わせしたいんですけど」


メインＤＪともなると、仕事前の確認事項が山ほどある。メーカーの美容部員とは、その日の売上げ目標、イチオシ商品、サンプルの配布量、値引率など。さらに店舗担当者とは、どの時間帯が混むのか、マイクの使用可・不可、館内アナウンスの有無、禁止事項のチェックなど。

実に面倒だが、それだけ責任あるポジションとも言えるわけで、いやがおうにも気分が高揚してくる。

準備は整った。下腹をポンと叩いて気合いを一発。さてスタートといきますか。


1人で現場に臨む場合、商品チェックもＤＪの役目

平均3万以上の売上げ。まさに夢の展開

30分後、私はかつてない興奮を味わっていた。信じられないことに、店頭に集まった10人がもれなく化粧品を買ってくれたのだ。

しかもその中の1人が、

「オニーちゃん、まだ若いのにけっこうサマになってたわよ。がんばってね」

まさに夢の展開。これがマグレでないことは、その日実施した実演販売6回すべてで証明された。1回の売上げの平均が3万円を突破。まだ小林の足下にも及ばないとはいえ、飛躍的な進歩である。

一つ歯車が合えばすべて回るとはよくいったもので、中2日空けて出向いた現場では、さらにうれしいことが起きた。

その日もまずまずの成績を残し、意気揚々と帰り支度を始めていたところ、

「和田さーん、これから食事行くんですけど、よろしかったら一緒にどうですか？」

終日、同じ現場で仕事をしていた某メーカーの美容部員（23才）からお誘いを受けたのだ。

涙が出た。この24年の人生において、こんな山田優似の美人から声をかけられた記憶はない。ゼヒ参りましょう！

わざわざ言うまでもないが、この後、彼女をホテルに誘い、エロエロ三昧でしたなんて展開は当然、皆無。スケベ心を覗かせた瞬間、ソッコーで逃げられた。

しかし、私は少しもヘコんでいない。なにしろ、今回チャレンジした化粧品ＤＪを通し、努力、友情、勝利と

いう『少年ジャンプ』のような体験ができたのだから。

当然、呼び込みも自分で

マグロ仲卸業者

求人情報源
ハローワーク

バイト期間
7日間

待遇
月給20万円程度

男たちの街、築地で一度働いてみたかった

きついお仕事18

『築地魚河岸三代目』という漫画をご存知だろうか。妻の実家、築地の仲卸業『魚辰』の3代目を継いだ主人公が、鋭敏な味覚と魚への好奇心を武器に、店を盛り立てていく奮闘記である。

そこには、素人の眼で見た魚河岸や漁業の様が生き生きと描かれているのだが、何より面白いのが魚河岸にまつわる人情話。ときにホロリ、ときに大笑いと、実に良い味を出している。

で、考えた。ちょっくら私も築地で働けないか。活気あふれる職場で、チャキチャキの江戸っ子たちに揉まれる一方で、やくざチックな男の世界も匂わせる築地のお仕事。さぞや、面白い経験ができそうではないか。

幸い、ハローワークで検索をかけたところ、よさげな求人が出てきた。

【マグロの仲卸業、仕入れ、営業の手伝い等、月給25万～】

行け!

競りや解体は1年働いてから

東京・築地市場から目と鼻の先の小さな商店街、その一角に目指す店『魚心』(仮名)はあった。

軒先には発泡スチロールの箱が山と積まれ、中には大型冷凍庫が10台ほど雑然と並んでいる。一歩足を踏み入れた途端、モワッと腐ったカツオ節のような臭いが鼻をついた。

「すんませーん。面接に来た者ですけどぉ」

「はいはい、ようこそ。社長の松田です」

広大な築地市場には毎日5万人近い利用者が出入りしている

奥から現れたのは、作家・荒俣宏にソックリな初老の男だった。そしてそのすぐ後ろで、もう1人、30代半ばの荒俣宏がぺこりと会釈している。親子らしい。2人とも服の上にマグロの肉片がこびりついている。

「とりあえず中に入って」

「はい」

松田社長の隣に腰かけ、面接が始まった。デスクのある応接スペースがめちゃくちゃ小さく、イスを向かい合わせに置けないのだ。実に妙な雰囲気である。

「窮屈で申し訳ないねぇ。なにせホントに小さな会社だから」

魚心は、社長と息子＝専務の他に従業員は1人だけという典型的な家族経営の会社で、事務作業も社長の奥さんが一手に引き受けているらしい。

人の良さそうな笑顔を浮かべながら、社長は説明を続ける。

仕事は朝7時から午後3時が基本だが、忙しい時は夜までかかることもある。給料は最初は20万で、頑張り次第ではもうちょっと増えるかも——。

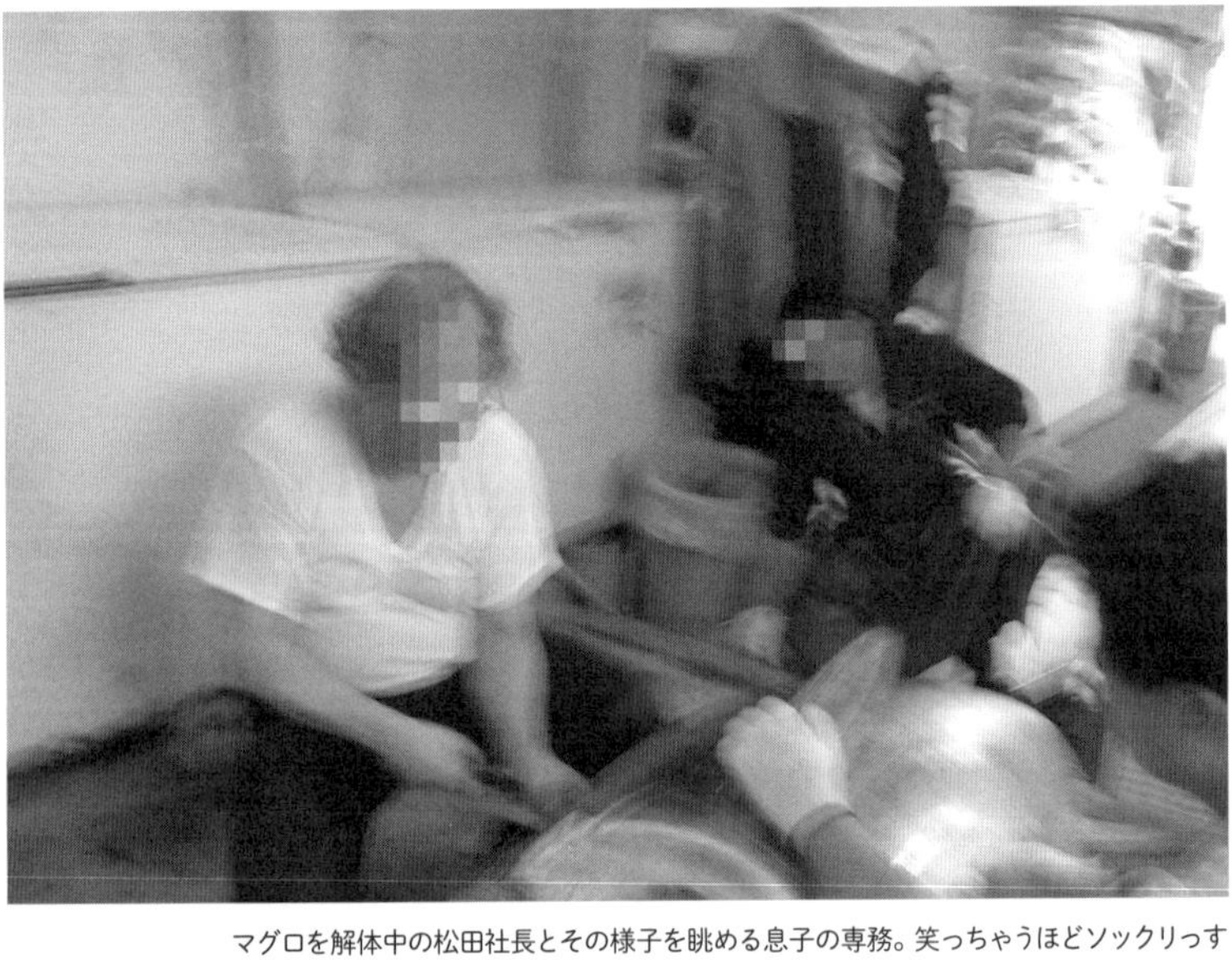
マグロを解体中の松田社長とその様子を眺める息子の専務。笑っちゃうほどソックリっす

…増えるかも？　求人広告ではハッキリ25万以上って書いてなかったっけ？　ウソなの？

肝心の仕事内容も、想像したものとはかなり違っていた。

マグロの仲卸業とは、本来、築地市場で競り落としたマグロを解体し、すし屋や魚屋などに売りさばく商いだ。

しかし社長によれば、新人は、雑用、お得意様への配達、新規客獲得のための飛び込み営業が主な仕事で、いきなり競りや解体をやらせてもらえるワケではないらしい。

「もちろん、後々はキミにも任せることになるんだろうけど、まあ、最初の3年くらいは雑務中心になると思っててよ」

うう、3年なんて待ってらんねぇっつーの。けど、他にアテもないしなぁ…。

「どうする？　やる気があるなら明日から来てちょうだい」

「わかりました。よろしくお願いします」

築地野郎の熱い〝男っぷり〟にタジタジ

翌朝7時。店の前に1台のヘンテコな車が止まった。ターレーと呼ばれる運搬用トラックのことで、ハンドルを握っているのは魚心唯一の先輩従業員、小宮さん（35才）である。

「おはよっす、和田くんか？　すぐ出るから乗りなよ」

「はい」

従業員の1日は、まず築地へ出向き、地方の顧客へマグロ

築地名物のターレットトラック、通称・ターレーの最高速度は時速40キロ。意外とスピーディな乗り物なのだ

とにかくみなさん、威勢がよろしいようで

を発送するために必要な発泡スチロールとドライアイスを買い付けることから始まる。急いで作業着と前掛けを身につけた私は、小宮さんの指示どおり、ターレーの荷台に飛び乗った。

5分後、小さなゲートを抜けて市場に到着。初めて見る築地市場は、ドえらい活気に包まれていた。

右から大量の荷物を積んだ自転車が「うおりゃぁぁ」と突っ走ってきたかと思えば、左からは何十台というターレーが高速ドリフトでビュンビュン通り過ぎていく。他にも、トラック、荷車、原付までもが我先にと隙間を縫うように走行している様子は、さながらオッサン版の暴走族だ。

「うふふ、気をつけなよ。やつら人にぶち当たっても平気で走り去ってくからさ」

呆然とする私の顔を小宮さんが自慢気にのぞき込む。

「どうだい、これが築地の風景ってやつよ」

「すごいっすね、マジで」

「年末の忙しい時期になりゃ、そこら中でしょっちゅう取っ組み合いやってるぜ。毎日が戦争みたいなもんよ」

彼のことばが大げさじゃないことは、訪れた容器屋（発砲スチロールの販売所）の主人の顔を見れば一目瞭然だった。なんつーか、ヤクザモノのVシネにでも出てきそうというか。その苦み走った顔つき、とても素人さんには思えない。

ここは失礼のないよう、きっちり挨拶をしておこう。

「大将！　魚心の新人、和田です。よろしくお願いします」

「おう、頑張りな！」

容器屋のオヤジ、しゃがれた声で返事は寄こすが、一瞥《いちべつ》もくれない。いやぁ渋いっす。

ターレーに荷物を積み込み、魚心に戻ってからも、築地野郎の男っぷりを見せつけられた。奥の作業場で、社長と専務が怒鳴り合っているのだ。

「クソ親父、なんべん言やわかるんだ！　同業者が薄利多売をやってるからこそ、ウチは質で商売するんじゃねーか」

「商売のイロハも知らねぇで、知った風な口を利くな！　いつまでも値を下げねーでいるとな、そのうちみんなに出し抜かれちまうんだよ、このスットコドッコイが」

どうやらケンカの原因は経営方針を巡ってのものらしく、いまにも掴みかかろうという勢いだ。

「アタマのかてぇ親父だなぁ、ったくよぉ！」

「るせーこの野郎、やんのか！」

激しい人たちである。

調子に乗ってると凍傷で耳が腐っちまう

「おい、和田くん！」

一触即発の状況から一転、専務がいきなりこっちにズカズカ向かってきた。な、何すか何すかいったい。

「今から冷凍マグロ取りに行くから防寒着用意して。あんなガンコ親父と話しててもラチあかねぇ」

「はあ」

築地にはここら一帯の仲卸業者が共同で使う冷凍倉庫なるものがある。各業者ごとに専用スペースが割り当てられており、店内のマグロが少なくなると、皆、そこから在庫を補充しているらしい。

冷凍倉庫は巨大な建物だった。高さはビルの3階分、面積はテニスコート9面分はあるだろうか。専務と私は、奥のエレベータに乗り込み、魚心のマグロが保管されている2階へ上がった。

「思ったより倉庫の中って寒くないですね。ちょっとゾクっとする程度ですもん」

てっきり鼻水が凍るほどの冷気にさらされるのかと身構えていたぶん、拍子抜けである。

「違う違う。冷凍室になってるのは、この専用スペースのドアの奥なんだって」

マイナス60℃の超低温倉庫。ケータイなどの電気機器を持ち込むと数分でオシャカになるそうで

言いながら、専務が手前のヒモを引くと、トビラが自動オープン。中へ足を踏み入れた瞬間、ハウッっと肺が苦しくなった。空気が冷たいのではなく、痛い。不用心に息を吸ってしまうと咳が止まらなくなるほどだ。

「ここの室温はマイナス60℃に保たれてんだ。家庭用冷凍庫の3倍以上の超低温だよ。ビックリしただろ」

乾燥して目が乾くのか、専務が目をキュッと細める。

「最初はキツイけど、慣れたら防寒着ナシで10分や20分は平気になるんだぜ」

「へえ、そうなんですか」

「うん。もっとも調子に乗ってて っと凍傷になって耳が腐っちまうんだけどな。ははははは」

「…………」

天然生本マグロは、築地でも1日にわずかしか入荷されない貴重品

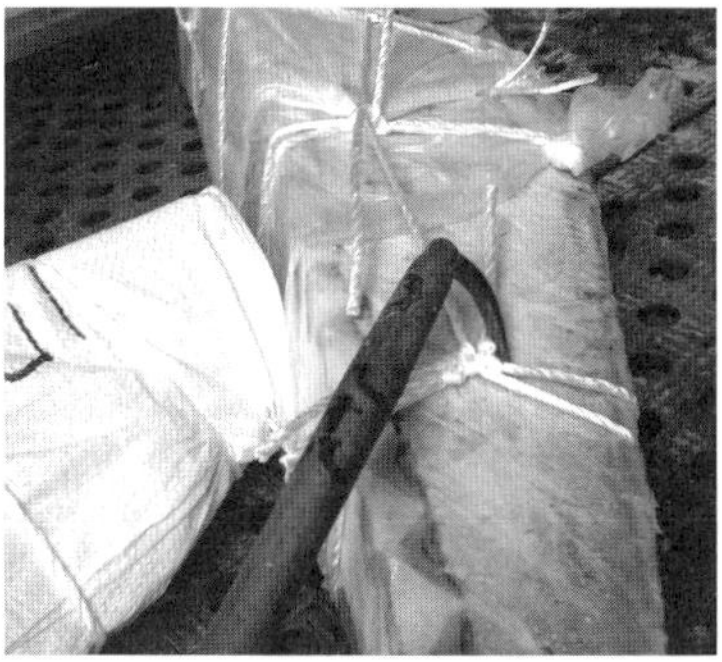

解体終了。これ1切れで25万円也

専門の職人さんの手で鮮やかに解体されていく冷凍モノ

残りカスはゴミ箱へ。つまみ食いしたところ失禁するくらいウマかった

笑い事じゃねーよと心の中で突っ込むも、すでに体は寒さで一杯一杯。指先や顔の痛みがドンドン増し、なぜか尿意までもよおしてくる。早くこっから出たい…。

焦った私は、専務をせっつき、1切れ50キロあるマグロの切り身を次々と台車に載せていった。普段は力仕事が大嫌いなくせに、この時ばかりは多少でも体温が上がるので苦にならない。

作業は15分ほどで終わり、そのままトラックのある駐車場へ。フロントガラスにぼんやり映る自分の顔が、赤く火照っていた。

マグロ3本で合計400万円

昼飯の後、お得意様のすし屋を数軒回り、マグロの配達を終えたところで本日のお仕事は終了。翌朝7時に魚心に出向くと、社長が軒先で待ちかまえていた。

「おはよう、今日は解体やるからけっこう忙しいよ。冷凍モノ2本に生も1本あるから」

ここで、少し説明したい。

時期によって多少の増減はあるものの、魚心では週に約5匹のペースでマグロを競り落としている。しかも顧客に高級すし屋が多いため、扱うのは最上級の天然本マグロや天然インドマグロのみ。味の落ちる養殖モノは一切ない。

そして、さらに天然マグロには、遠洋で冷凍保存された冷凍モノと、近海で獲って、そのまま直接港へ運ぶ生の2種類がある。言うまでもなく、味も鮮度もランクが上である生は、冷凍モノより高いのだ。

ちなみに、社長が今朝競り落としてきた生はキロ単価が1万円で、冷凍モノは5千円。マグロの3本の合計価格は400万だったらしい。風俗ウン百回分じゃんよ。

「これなんてたいしたことないよ。高いものはキロ2万、3万なんてこともあるし。すし屋でトロ一貫2千円なんて話も、ある意味は当然のことなのさ」

さて、マグロの解体である。築地市場へ向った社長と私は、まず冷凍モノ2本を、市場内にある解体場へ運んだ。ここで専門の職人にカットしてもらうらしい。

職人のワザは、実に鮮やかだった。マグロの頭をぶった切った後、1人で200キロオーバーのボディをひっくり返し、背骨に沿って身をきれいに4分割に。続いて2本目も数分でバラバラの切り身に早変わりした。

解体済みのマグロは、一度冷凍車で魚心に持ち帰り、切り身ごとにビニールのヒモで縛ってから、例の市場内の冷凍倉庫に運び入れる。で、売りに出されるまでの間、そこで眠らせておくというワケだ。

冷凍モノが終われば、お次は生の解体。コレに限っては社長自ら作業に当たるらしい。

「和田くん、目一杯氷を運んで」

冷凍モノに比べ生マグロは手間がかかる。鮮度を保つため、身の周りだけでなく腹の中にも大量に氷を詰め込まなければならないのだ。

刃渡り1メートルの包丁で、社長がゆっくり切り裂いていくと、何とも旨そうな赤身がパックリと姿を現す。どんな味がするんだろう。やっぱホッペタ落ちて、ウヒョーとか叫んじゃうんだろうか。くーめっちゃ食いてぇ。

「身を押さえましょうか」

グッと生唾を飲み込む私に、社長は激しくクビを振った。

「危ないからいいよ。それよりもっと氷持ってきて」

ちぇ、ツマんねーな。手伝う振りして、身を1切れちぎってやろうと思ったのに。

高級店は『寿司』より『鮨』の字を使う

解体の一部始終を見届けた後、専務からマグロの配達を頼まれた。昨日は小宮さんと一緒だったが、今日は私1人だという。え、いきなりっすか？

「小宮くんは手が塞がってんだよ。1人で大丈夫だろ、配達くらい」

「え、ええ。大丈夫ですよ」

ウソだった。実はここ5年ほど車のハンドルを握っていない。おまけに魚心の軽トラはマニュアル車である。なのに安請け合いしちまって…。オレのアホ！

案の定、私は運転席でパニックに陥った。信号が青になれば5回に3回はエンスト。坂道発進では後続のタクシーとあわや接触しそうになり、鬼のようなクラクションを浴びせられる。挙げ句、3度も右折車線に入りそびれ、目的の料亭に着いたころには予定到着時間を30分以上過ぎていた。むろん、帰りも大幅に遅れてしまい、さすがの社長もカンカンである。

営業車に乗り込むの図。運転できるなんて言わなきゃよかった

「バカ野郎。車の運転くらいきっちりしろい、コンコンチキが！」

だから、翌日以降から普段の雑用の他に、営業の仕事を任された時は、かなり驚いた。

最初にチラッと触れたように、営業とは、新規のすし屋や魚屋などに飛び込み、契約を取ってくる行為を指す。いわばマグロ仲卸業者にとって、仕入れと同じくらい、重要な仕事なのだ。

とりあえず、初日だけは小宮さんの助手をし、彼から基本を教えてもらうことになった。

「一番のターゲットはもちろんすし屋だけど、割烹とか料亭も目に付いたら飛び込むんだよ」

五反田駅近くで、小宮さんがおもむろにカーナビをイジリ出した。【周辺検索】で、辺りのすし屋をすべて検索しているのだ。

10分後、車は山手通りを抜け、『M鮨』という看板の前で停まった。

「オレの経験から言うとさ、店名に『寿司』より『鮨』の字を使ってるところの方が高級店の確率が高いんだ」

魚心のマグロは高級品。ならば営業先もそれなりのところでなければ取引も上手くいかない、と小宮さんは言う。

ただし、いくら高級店でも明らかに繁盛してなさそうな店や清潔感のない店はNG。金払いの悪い場合が多いらしい。

「あと、軒先に鉢植えがある店もダメだぞ」

「なんでです？」

「これは社長の指示なんだけど、そういう店は先行きが怪しいんだってさ」

ふうん。

本マの背でサンマルいけますよ

小宮さんが魚心のチラシを握りしめ、店内に入った。すかさず私も後に続く。

「M鮨さん。お忙しいところすみません！」

ふわっと檜《ひのき》のいい香が漂ってきた。照明も妙に明るく、いかにも高級店といった感じだ。

「ん？　どなた？」

「大将！　築地から来たマグロ屋なんですけど」

「あそう。間に合ってるから」

「そうですか。よかったらチラシだけでも見てやってください」

「じゃ、そのへん置いといて」

「どうも。お邪魔しました」

あれ、もう引き返すの？　なんかアッサリしすぎじゃね？

「いや、すし職人はしつこいと嫌がるんだよ。ましてや仕込みの時間だろ。長居してちゃ取れる契約も取れなかったりすんだ」

店を出て訝《いぶか》しがる私に、小宮さんが説明する。

「それにチラシを置いていけるだけマシさ。値段表を見てから電話をかけてくる場合もあるから」

言いながら、今度は4軒隣の割烹へ。

「店長さん。マグロは何使ってらっしゃいますか？　本マ？　インドですか？」

「ん？　まぁ〜ねぇ」

「バチ（メバチマグロ）ですか？　ウチなら本マの背でサンマル（3千円）いけますよ」

「…へえ、本マでサンマルかぁ。安いねぇ」

小宮さんによれば、「本マか？　インドか？」と聞かれ言葉を濁す人は、値段の安いメバチマグロ（味もやはり落ちる）を使っている可能性が高いらしい。職人相手の商売では、プライドを傷つけぬ気遣いが大事なんだそうだ。もっとも、ここの店長には、結局、断られてしまったのだが。

やっぱ自分には合わないみたいっす

翌日は昼イチ、市場の雑用を済ませ、1人で営業に出た。

「大将、忙しいとこスンマセン。築地のマグロ屋です！」

小宮さんの明るいノリを真似て、片っ端から暖簾をくぐる。20軒以上回ったところで、ようやく新橋のすし屋が話を聞いてくれた。「本マの背でサンマル」のセリフに食いついてきたのだ。

「ブツを見たいからサンプル持ってきてよ」

「はい、ありがとうございます」

サンプルの話まで漕ぎ着ければ、私の仕事は終わりだ。後日、社長自らすし屋に足を運び、サンプルを確認、細かい価格交渉を済ませ、初めて契約成立となる。

驚いたのは、社長のよろこびようだ。

「よくやった、和田くん！　よーし、よーし、キミは稼げるぞぉ。その調子だ、がんばれ」

サンプル品を持ってこいと言わしめただけでも新人としては上出来なのだろう。入社祝いと称し、3万円もくれたのだ。

その気持ちは専務も同じだったらしい。

「あの緑の軽トラ、和田くんの専用車に使いな。明日、カー用品店にいって、MDコンポつけてやるよ。音楽くらい聴きたいだろ」

家族経営とはよくいったものだ。いままで経験した職場で、これほどの厚遇を受けた記憶はない。

社長と専務だけではない。しょっちゅう飯をおごってくれる小宮さん、エロ話を楽しそうに話す容器屋のオヤジ、人なつこい市場の人々。築地という街の温かさに、不覚にも感動してしまった。

が、またその一方で、複雑な気分を味わっていたのも事実。周囲との仲がこれ以上深まれば、それだけ「辞めます」のひとことが言い出せなくなるからだ。本の企画で入社した以上、ここでずっと働くワケにはいかない。

その日の帰り、私は断腸の思いで退職を申し出た。社長が細い目を大きく見開く。信じられないといった表情だ。

「え、ウソだろ和田くん」

「すいません。やっぱ、自分には合わないみたいっす」

「そんなぁ。やっと慣れてきたころだろうに」

「すいません」

何度か頭を下げ、必死に頼み込むと、やがて社長は私の肩にポンと手をおいた。

「次の仕事、がんばれよ。で、もしまた気が変わったらいつでも連絡してくれよな」

ポロリ、涙が出た。

きついお仕事19

1本5万のドンペリが飛び交う恐怖。ここは私の働く場所じゃございません

ホスト

求人情報源
男性向け高収入求人誌

バイト期間
2週間

待遇
日給6000円〜

男なら、誰しも一度は不思議に思ったことがあるはずだ。なぜ、ホストはあんなにモテるのだろうかと。ナルシストの極致のような髪型、下品なスーツ、脳タリンな会話。ルックスだってまったく普通だし、それこそ、そこらを歩くニーチャンとなんら変わらない。

なのに、なんでいつもキレイなギャルを連れ回してるワケ？ どーして追っかけとかいちゃうワケ？

さらにだ。試しに、手元の男性向け高収入求人誌を見てみると【日給2万円以上＋歩合】なーんて文字が躍ってる。日給2万。何をどーしたらそんな金がもらえるんだ。意味がわからん。

とにかく、昭和の硬派を自負する私から見れば、ホストなんてのは、軽薄で、世の中をナメた商売であり……。

ウソです。メチャメチャ羨ましいです。

下手すりゃ月収ゼロ!?

某日深夜12時、タンスの奥から引っ張り出した一張羅のスーツを着込み、歌舞伎町・コマ劇場（註）からほど近い雑居ビルに出向いた。

「どうも、すいません。昨晩電話した和田ですけど」

4階にある薄暗い店内。通されたボックス席で待っていると、ガングロ茶髪メッシュのギャル男が近づいてきた。

「お待たせ、面接のコだよね？」

ギャル男は志狼《しろう》と名乗り、名刺を差し出した。名前の上に小さくチーフと書かれている。

「簡単にシステム説明させてもらうけどさぁ〜」

私を歓迎していないのか、ただ眠いだけなのか、とにかくかったるそうなしゃべり方だ。

「基本的に出勤は夜10時半。遅刻したら罰金だから」

え？　求人誌には24時半〜8時って書いてあったけど。

「いやいや、それは店の営業時間だから。キミはもっと早く来て、女の子をキャッチすんの。じゃないとお客さんできないっしょ」

「はあ…」

「それと給料は最初の1カ月は日給6千円だからね」

「え、2万もらえるはずじゃ…」

「はぁー？　バカじゃねーの？」

呆れ顔の私に、さらに呆れ切った様子の志狼が宣う。入店1カ月後、月間の売り上げ（担当の客が使った金額）が60万を超えて、初めて日給1万を突破する。そうでなければ金額は5千円、3千円と減っていき、下手すりゃ0円って可能性もあるとかないとか。

ちょい待ち、何一つ求人の内容どおりじゃねーじゃんよ。

「大丈夫。60万を超えたら売り上げの半分が給料になるし、がんばれば上限なく稼げるから」

「………」

誇大広告に踊らされたのはもはや明白。やはり、世の中そうそうオイシイ話はないのだ。しかし、このままスゴス

スタッフのガキ臭いノリとは違い、店内は落ち着いた雰囲気

ゴ帰るのはあまりに情けない気も…。

「どうする？　やる気あるなら今すぐ体験入店してもらうけど」

「は、はひ、じぇひともよろひくおながーします！」

裏返った声を20畳ほどの店内に響き渡らせると、開店準備に追われていた6名のホストからドッと笑いが起こった。

その髪型ってまるっきり浮浪者じゃん

「源氏名は何がいい？」

スーツのホコリを払いながら、志狼が目を向ける。源氏名か…。麗羅だの、海斗だの、しゃらくさいモノは断じていかん。お、そうだ。コレでどうだろ。

「虫象って名前はどうでしょうかね？」

「へ、ムシゾウ？　ダサっ！　おいおい、勘弁してよ」

ほう、そんなにダサいのか虫象は。

「まぁ、どーしてもって言うなら別にダメ出しはしないけどさ、絶対、女ウケはよくねーよ」

接客の合間のグラス洗いも新人の仕事

「ありがとうございます」

名前が決まれば、さっそく仕事開始だ。まずは、厨房（流し台と冷蔵庫のある小部屋）へ向い、ドリンクの作り方を教わる。手ほどきしてくれるのは、ジャニーズ系美男子の圭介（20才）だ。あ、どうも新人の虫象っす。

「あはは、虫象って名前つけたんだ。いいんじゃね？　一度聞いたら絶対忘れらんないし」

圭介は昼間大学に通う学生で、ホスト歴はまだ半年。彼から酒と割り物の配分、タバコのつけ方、グラスの置き方など、一通りの基本作業を教わりつつ、私は先ほどから抱いていた素朴な疑問をぶつけた。

「他のスタッフって何才くらいなんですか？」

「だいたいレギュラー出勤してるのは20才から23才くらいじゃん。そもそも志狼さんが21才、代表もまだ22才だし」

なにぃー、ってことは25才のオレが最年長じゃん。いったいどんな世界なんだよここは！

驚いたのは他の連中も同じだったらしい。近くにいたホストが数人、ゾロゾロと興味深げに集まってきた。

「ねえねえ、虫象って25才なの？　マジで？　てっきり30過ぎかと思ってたよ」

「その髪型ってさ、どこでカットしてんの？　なんか、まるっきり浮浪者じゃん」

「今どき黒髪ってヤバくね？　やぼったいし、染めなよ虫象」

言われ放題、けなされ放題である。が、ここで怒っちゃイケナイ。ホスト業界は上下関係が鉄則だと、面接で念を押されたばかりなのだ。

「おし、そろそろお客入れるぞ」

志狼の合図で、店内に安っぽいトランスミュージックがかかった。と、同時に中央のフロアに移動し、パラパラを踊り出すホストたち。何というか、異様な光景ではある。

ヒューヒューイエーイと、タコ踊りのようなダンスを繰り出し、志狼が隣にやって来た。

「楽しい店だろ。自分が楽しまなきゃお客さんも楽しませらんないからさ。虫象もアゲアゲでいこうぜ！」

「アゲアゲ…すか」

言いたいことはよくわかる。が、今日までまったくの異文化で育ってきたワタクシには到底楽しめそうにありません。

まるで私の存在などなかったかのように

開店から30分、ポツポツと客が入り出した。見たところ歳は18才〜30才過ぎの女が多く、中には明らかに中年のオバチャンも混じっている。もっとも、客の職業や年齢を尋ねるのはタブー。先輩ホストによれば、キャバ嬢や風俗嬢らしい。

初めて接客を命じられたのは、志狼チーフの上客、ややブスの三十路女が来店したときだ。担当者（指名ホスト）の志狼とややブスがソファに、私と圭介はヘルプとして丸イスに座る。ドリンク作りも、新人である私の役目だ。

「えー、志狼、この前話したのにもう忘れちゃったの？」

「おい！　どうした？　オレの上腕二頭筋よ！　忘れちゃったのか、大事な話なのに。なに？　アルコールが足りないって？　そうかドンペリが必要ってか」

「キャハハハー、いいよ、ボトル入れようっか」

「はい、あざーっす」

ややブス、志狼、圭介の3人が大盛り上がりする中、私は1人蚊帳の外だった。話のテンポが速すぎて入り込

お目当てのホストとじっくり話すためなのか、単独客が多い

む余地がない上、あまりにも浮ついたノリに、ドン引きしてしまうのだ。

ただ、次々と繰り出す話題の引き出しの多さ、何かを振られても即座にギャグで返す頭の回転の速さは、さすがだ。たびたび若手芸人のネタをパクってはいるが、しっかり自分のものにしているところにもプロ意識がかいま見れる。

なかなか会話に入れぬのを気遣ったのか、圭介が突然口を開いた。

「ところで、虫象は芸能人だと誰に似てるって言われる？」

「え、んーと…ヴィンセント・ギャロっすかね」

一同シーン。こちとらギャグのつもりだったのに、大マジと受け取られたらしい。

「もう虫象ちゃん、図々しすぎー。はいはいっ、バップ、バップ、ビーバップ〜！」

志狼のバカ声を合図に、店中のホストがコールを歌い始め、一気飲みを煽ってきた。正直、皆から注目されてるようで悪い気はしない。苦手な水割りをグイッと、一口で飲み干した。

「やるじゃーん虫象」

「あざーっす」

ようやく場の雰囲気に慣れたのも束の間、今度はビジュアル系の武蔵先輩（23才）のヘルプを命じられた。客はデブった久本雅美とでもいうべきブス。新人ホストに対して、横柄な態度をとる客は珍しくないとよく聞くが、こいつはその典型のような女だった。

何を話しかけても、ほとんど無視。どころか私の存在など端からなかったかのように、

「ねえ、アスカ、ずっと武蔵くんのこと見ててい い？」

ク〜、死ねよ歯ぐきデブ！

しかし、ここまではまだよかった。間もなく、武蔵先輩が別の指名客の元へ移り、歯ぐきと2人きりになってしまったのだ。

気まずい空気の中、何か話しかけなきゃと思っても、頭に浮かぶのは体重・職業・武蔵にいくら金を

終始蚊帳の外な私

つき込んだのかというタブー事項ばかり。まったく興味がないので、気の利いたセリフが出てこない。歯ぐきも心底ツマらなさそうにタバコを吹かしている。

開き直った私は、無言のまま、1人水割りを飲み続けるマシーンと化した。

3日に1人、キャッチできれば上出来

翌日、目が醒めると、ケータイのデジタルは夜9時を表示していた。なんせ、今朝の8時過ぎまで飲んでいたのだからムリもない。頭はガンガンし、吐きそうだ。

「おっ虫象！　昨日つらそうだったからてっきり辞めちゃったかと思ったよぉー」

アルコール漬けの体を引きずり出勤した私に、クルクルと志狼がまとわりつく。

「やだな、辞めるワケないじゃないっすか」

「よしエライエライ。んじゃ今日はキャッチをがんばってみっか」

都の条例によりキャッチ行為は禁止。なんてことは単なる建前で、現実はコマ劇周辺からセントラルロード、靖国通りにかけては、依然、ウヨウヨいるらしい。

「だってさ、キャッチしないことには新規客の獲得なんてあり得ないっしょ」

ノーテンキな志狼から、キャッチ禁止エリア（カラオケ店、風俗店前など）を教えられ、コマ劇方面に足を運ぶ。

キャッチは以前に別の仕事で経験があるのでコツを習得済み。しかも今日は金曜日でどこもかしこも女だらけだ。ま、楽勝でしょう。

意外や、『ホスト』を毛嫌いするコの多いこと

「どーも、おばんでーす。さわやかホストクラブなんだけどー」

「………」

「3千円で朝まで飲み放題だよ」

「ホストうざいんだけど！」

1時間必死に声をかけまくったものの、ちっとも引っかからない。立ち止まって話を聞いてくれる女のコさえいなかった。ブランクのせいで腕が鈍っちまったのか？

…違うな。通常のキャッチ行為とは違い、有料のホストクラブへ連れ込むには、やはりソレっぽい女を見分ける目が必要なのだ。そもそも、ホストという言葉に拒絶反応を示すのがフツーなのだから。

開店時間が近づき、スゴスゴ退散してきた私に、圭介も言う。

キャッチが来店につながる率はソートー低い。3日に1人捕まえれば上出来なのだと。

しかも、その客が再来店し、なおかつ自分を指名してくれる可能性となればもう微々たるもの。ホストクラブの料金は初回こそ3千円だが、2回目以降、最低3万近く払わねばならないのである。キャッチという行為がまったく無意味に思えてくる話だ。

「いや、これがそうとも限らないのよ。系列店のヤツで不細工だけど2カ月でいきなり200万以上売り上げたやつだっているし」

「え、マジっすか？　それって月給がいきなり100万ってことでしょ？　スゲー」

「ま、いずれにしろこの世界、努力が大事なんだよ。オイシイ目をみたきゃさ」

その日は客入りが少なく、営業中もたびたびキャッチに出動した。さらに営業終了後にも圭介と2人で朝キャッチに励んだが、誰も足を止めてはくれなかった。

先輩ホストをヘルプに従えたが……

結果が出たのは入店5日目の夜。靖国通りをフラついていたキャバ嬢を強引に口説いたところ、「暇だから別に行ってもいいよ」と一発OKをもらったのだ。さらにうれしいことに、付近で遊んでいた友人まで呼びつけてくれるというオマケ付きである。

私は色めきたった。まさかこれをきっかけに月収100万の道が開けたりして。そしたら、貧乏ライターなんぞすぐ廃業して、まず美容院でスケこまし風のヘアスタイルに変えてやろう。んでもっと売れっ子になったら、青山のマンションに引っ越して、アメ車も買って、あとはあとは…うーん、とりあえず貯金しとこう。

妄想を炸裂させつつ店に戻って、2人をボックス席へ案内。仲良くソファに腰かけ、乾杯のコールをあげた。ヘルプ席には先輩ホストがスタンバイし、ドリンクを作っている。うーん、主役ってのは気分がええの

ようやく初客をゲットしてご満悦の図

まったく会話が盛り上がらず…

う。

女のコはいずれも田舎のスナックにいそうな、バタ臭いルックス。しかし、私にとっては初めて売り上げにつながる大事な客だ。ここは気に入られるよう、上手く会話を運ばなければ。

「2人ともイケてるよねぇ。クラブとか好きなんじゃねーの？」

「えーわかる？　いつも渋谷か六本木に行ってんだよねぇ。あっ、この曲チョー好き！　なんて曲だっけ？」

「え、ええっと…」

「それねぇ、『恋のマイアヒ』だよ。名曲だよねぇ」

言い淀む私の脇から、ヘルプの真紘（20才）が口を挟んできた。

ヘルプは担当のアシスタントであると同時に、新規客へ自分を売り込むチャンスの場でもある。当然、気に入られれば次回から指名をもらえる可能性も高いワケで、みな必死なのだ。にしても真紘のガキめ、オレの初客を狙いやがるとは…。させるか！

が、勝負は始まる前からすでに決まっていたらしい。

BGMに合わせ、真紘がパラパラを踊りだすや、女どもは大喜び。私も負けじとヘコヘコ腰をくねらせ、アピールしてみたが、見事すぎる放置プレイに耐えきれず、早々にあきらめざるをえなかった。

真紘が別の先輩とヘルプを交代しても、場を盛り上げることができない。

〈なにも難しいことをする必要はない。世間話でいい、他愛もない話でいいから、客とキャッチボールするんだ〉

自らに言い聞かせたものの、出る話題といえば、高級クワガタ（今ハマっている）や阪神タイガースの話ばかり。これじゃ食いついてくるハズがない。

結局、2人が帰る際、送り指名（外まで見送るホストを指名する。このとき連絡先を交換することが多い）を受けたのは、私ではなく真紘と武蔵だった。

ドンペリちょうだーい。こっちはドンペリロゼね

気がつけばはや2週間が過ぎていた。一度でいいから指名がほしいと出勤し続けているものの、相変わらずパッとせず、日ごと志狼の小言が増えるばかり。連夜のバカ騒ぎにも疲れてきた。

そろそろ潮時かな。そんな思いを後押ししたのが、代表のバースデイパーティの夜だった。

午後11時半、気を引き締め、全員で紋付き袴姿の代表を迎えた。店内はいつも以上にピリピリムードだ。

「おーし、今日はできるだけ代表に飲ませないようにみんながフォローしていけよ！」

「ハイッ！」

オープン直後から店は大盛況で全12卓はすべて満席。この日のために常連客を呼んでいた担当ホストたちは右へ左への大忙しだ。

「ぐぐーい、ぐぐーい、ぐいぐい、ヨシコイ!」

そこかしこでイッキコールが響きわたり、客同士は張り合うように高級シャンパンやら高級ブランデーを次々に注文していく。

「ドンペリ(1本5万円)ちょうだーい」

「こっちはドンペリロゼ(1本10万円!)ね」

注文のたびに繰り広げられるシャンパンコールなる儀式が、呆れるのを通り越し、鬱になるほどサムかった。店中のホストが集まり、キューティーハニーのBGMで約5分間、延々と唄わされるのだ。

「姫はカワイイ、王子はカッコイイ、ドンペリはオイシイ〜ソレソレソレソレソレ」

5分で数万円が消え去っていく様を何度も見ているうち、恐怖心さえ出てきた。

なるほど、確かに、この仕事は、努力し、それなりの期間働けば、それなりの稼ぎを生み出せるに違いない。

が、私にはどう考えても狂ってるとしか思えない。

パーティが終わり、朝ぼらけの中を帰宅中、私は今日限りでバックレることを決意した。

当分、歌舞伎町には行く気にはなれない。

あとがき

都内のビジネス学校を卒業したとき、頭の中に1つの野望があった。劇団を旗揚げし、有名人になったる――。2001年春のことだ。

いかにも田舎臭い上京少年の考えつきそうな発想。まもなく劇団の結成は現実になったが、まさかといおうか、やはりといおうか、いつまでたっても〝成功〟の手応えは微塵も感じられなかった。普通ならそこで夢をあきらめ、定職に就くべきだったのかもしれない。

が、私はその選択肢を拒否した。10代のころから、ネクタイを締めスーツを着て、という生活が死ぬほど嫌で、どうせ生きていくなら好きなことだけやっていたいと考えていたからだ。生活に必要な金を得るため、最低限のバイトだけやってりゃいいやと。

だから『裏モノJAPAN』で連載が始まった当初は、自分なりに各お仕事に対し一定の距離を取るように心がけていた。俺はこの職場に就職したんじゃない。これは取材なんだと。だが、そんな姿勢がストレスに感じるようになるまでに、さほど時間はかからなかった。気の合う同僚や優しい上司に雑誌の企画であることを隠し、何喰わぬ顔で彼らと接することに罪悪感を覚えるようになったのだ。

もちろん、だからといって職場の人間に「これは雑誌の潜入取材なんだよねぇ」などとは言えない。かわりに、現場で働いている間は、一雇われ人として、職務を全力でまっとうしようと意識を変えた。それがよかったのかもしれない。途端にどの職場でも同僚らとの交流が深まり、結果としてそれまで以上に深く、その仕事を巡る環境が理解できるようになった。素直にうれしかった。筆力の問題もあり、原稿に反映されたかどうかは別にしても。

本書は、一見、職業紹介の体をなしているが、実は仕事嫌い、社会アレルギーな私を矯正する荒療治的な一面もある、と思っている。仕事の内容の辛さもさることながら、毎回毎回、次の職を探す面倒臭さ、面接直前の緊張感などはやった者でないとわからない。20種の仕事をゲットするのに、4倍以上の数の不採用を経験してきたのだ。おかげで現在は、以前まで抱いていた労働への嫌悪はかなり減ったように思う。タフになったのだ。

そしてもう1つ、グダグダの生活を送っていた私をライターとして起用してくれた『裏モノJAPAN』編集部の面々、特に毎度、拙い原稿を手直ししてくれた担当編集・藤塚氏には礼を言わねばなるまい。コトあるごと、彼にケツを叩かれてきたからこそ、どうにか連載が続き、こんなカタチで実を結べたのだ。

だが、なんといっても一番感謝すべき相手は、今回の記事に関わったすべての雇用主だろう。彼らが快く採用してくれなかったら私の使命は果たせなかった。そして、趣旨を一切説明せず、雑誌へ載せたことに（軽〜く）お詫びしたい。

連載終了から約15年、現在の私はライター稼業で生計を立てている。商売柄、収入は不安定だが、食えなくてもさほど心配はしていない。きっつい仕事がこの世にある限り、金に困ることはないのだから。

２０２０年3月　著者記す

きっついお仕事

2020年5月11日　第1刷発行

著　者　和田虫象
発行人　稲村　貴
編集人　平林和史
発行所　株式会社　鉄人社
〒102-0074 東京都千代田区
九段南3-4-5 フタバ九段ビル4F
TEL 03-5214-5971　FAX 03-5214-5972
http://tetsujinsya.co.jp

デザイン　鈴木　恵（細工場）
印刷・製本　大日本印刷株式会社

ISBN978-4-86537-187-1　C0076

※本書は『きっついお仕事』（小社刊／2017年5月発行）を加筆、修正、
再編集し、書籍化したものです。